365 이벤트

KB050340

❶ 기출문제 복원 이벤트

이기적 수험서로 열심히 공부하고
시험에 응시하신 독자님들,
기억나는 문제를 공유해 주세요.

응시일로부터
7일 이내의
복원 제보만
인정됩니다

세부 내용

참여 혜택

📖 영진닷컴 도서(최대 30,000원 상당)
🎁 이벤트 선물(영진닷컴 쇼핑몰 포인트, N페이
포인트 등 다양한 혜택 제공)

❷ 리뷰 참여 이벤트

온라인 서점 또는 개인 SNS에
도서리뷰와 합격 후기를 작성해 주세요.

YES 24
인터파크 도서
알라딘
교보문고

세부 내용   당첨자 확인

세부 내용

❸ 정오표 이벤트

⚠ 이기적 수험서의 오타 및 오류를 영진닷컴에
제보해 주세요.

book2@youngjin.com으로 [도서명], [페이지],
[수정사항], [이름], [연락처]를 보내주세요.

이기적 스터디 카페

1:1 질문답변

집에서도, 카페에서도, 도서관에서도!
전문가 선생님의 1대1 맞춤 과외!

온라인 스터디

서로 당겨주고, 밀어주고, 합격을 함께 할
스터디 파트너를 구해 보세요!

구매자 한정 혜택

시험장까지 함께 가는 핵심요약

최신 기출문제

구매자 한정 혜택

FINAL 모의고사

마인드맵

벼락치기 노트

용어&명령어 100선 등

오직 스터디 카페에서만
제공하는 추가 자료를 받아 보세요!

* 제공되는 혜택은 도서별로 상이합니다. 각 도서의 혜택을 확인해 주세요.

NAVER 이기적 스터디 카페 🔍

나만의 합격 키트

캘린더 & 스터디 플래너 & 오답노트

PDF 다운로드 후
태블릿 PC에서
사용 가능합니다.

캘린더

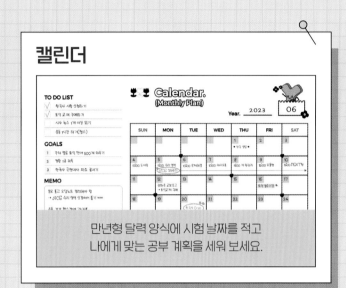

만년형 달력 양식에 시험 날짜를 적고
나에게 맞는 공부 계획을 세워 보세요.

스터디 플래너

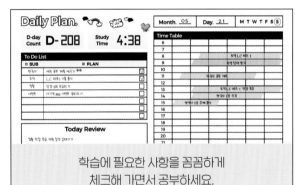

학습에 필요한 사항을 꼼꼼하게
체크해 가면서 공부하세요.

오답노트

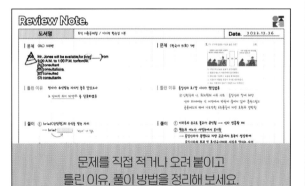

문제를 직접 적거나 오려 붙이고
틀린 이유, 풀이 방법을 정리해 보세요.

다꾸 스티커 패키지

스티커1

스티커2

스티커3

자동 채점 서비스

설치 없이 웹 사이트에서 이용해 보세요!

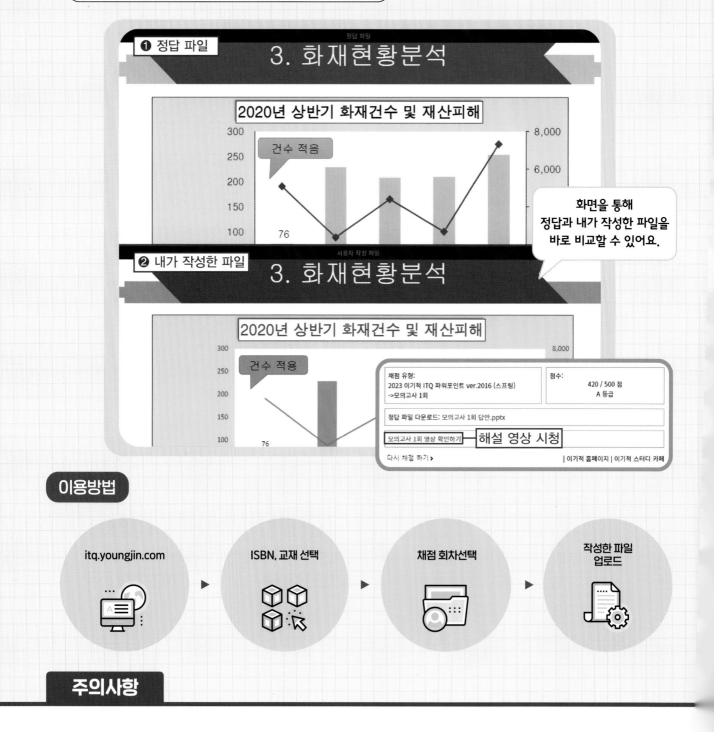

이용방법

itq.youngjin.com ▶ ISBN, 교재 선택 ▶ 채점 회차선택 ▶ 작성한 파일 업로드

주의사항

- 인터넷이 연결되어 있지 않을 시 사용할 수 없으며 개인 인터넷 속도, 접속자 수에 따라 채점 속도가 다를 수 있습니다.
- 운영체제, MS Office 정품 여부에 상관없이 채점이 가능합니다.
- 부가 서비스로 제공되는 부분이며, 업체 등의 변경으로 자동 채점 프로그램 제공이 중단될 수 있습니다.

ITQ 인터넷

구매자 혜택 BIG 5

이기적 스터디 카페

이기적 스터디 카페에서 함께 자격증을 준비하세요.
다양한 시험 정보와 이벤트, 1:1 질문답변까지 해결해 드립니다.

* 이기적 스터디 카페 : cafe.naver.com/yjbooks

자료실

책에 수록된 문제의 정답파일을 받으실 수 있습니다.
이기적 홈페이지에서 제공하는 다양한 자료를 다운로드 받으세요.

* 이기적 홈페이지 : license.youngjin.com

정오표

이미 출간된 도서에는 오류가 있을 수 있습니다.
출간 후 발견되는 오류는 정오표를 확인해 주세요.

* 도서의 오류는 교환, 환불의 사유에 해당하지 않습니다.

정보기술자격(ITQ) 시험

과 목	코드	문제유형	시험시간	수험번호	성 명
인터넷	1152	B	60분		

수험자 유의사항

- ◉ 수험자는 문제지를 받는 즉시 응시하고자 하는 과목의 문제지가 맞는지 확인하여야 합니다.
- ◉ 시험과 직접 관련이 없는 행위 즉, 각종 웹사이트 로그인, 댓글 달기, 게시, 자료 업로드 등의 행위 또는 답안 내역을 보조기억장치 및 기타 통신수단(게시판, 이메일, 메신저, 네트워크 등)을 이용하여 타인에게 전달 또는 외부로 반출하는 경우는 자격기본법 제32조에 의거 부정행위로 간주되어 본 시험 및 국가공인 자격시험을 2년간 응시할 수 없습니다.
- ◉ 내 PCW문서WITQ 폴더의 "답안파일-인터넷.hwp" 파일을 열어 파일 이름을 "수험번호-성명-인터넷.hwp"로 답안폴더에 다시 저장한 후 답안 작성을 시작하여야 하며, 답안문서 파일명이 일치하지 않을 경우 실격 처리됩니다(예 : 12345678-홍길동-인터넷.hwp).
  (시험시 제공되는 답안의파일 양식을 사용하지 않을 경우에는 0점 처리됨)
- ◉ 답안 작성을 마치면 파일을 저장하고, '답안 전송' 버튼을 선택하여 감독위원 PC로 답안을 전송하십시오. 수험자 정보와 저장한 파일명이 다를 경우 전송되지 않으므로 주의하시기 바랍니다.
- ◉ 답안 작성 중에도 주기적으로 저장하고 답안을 전송하여야 문제 발생을 줄일 수 있습니다. 작업한 내용을 저장하지 않고 전송할 경우 이전에 저장된 내용이 전송되오니 이점 유의하시기 바랍니다.
- ◉ 시험 중 부주의 또는 고의로 시스템을 파손한 경우는 수험자가 변상해야 하며, <수험자 유의사항>에 기재된

추가 기출문제

도서에 수록되지 않은 기출문제들을 추가로 받으실 수 있습니다.
이기적 홈페이지에서 과목별 기출문제를 다운로드 받아 이용하세요.

이기적 유튜브

단기 합격의 공식, 이기적 수험서!
다양한 자격증의 실전적 강의와 다채로운 영상들을 시청해보세요.

* ITQ 인터넷 과목은 영상 강의가 없습니다.

이기적 200% 활용 가이드

STEP 1

시험 유형 따라하기

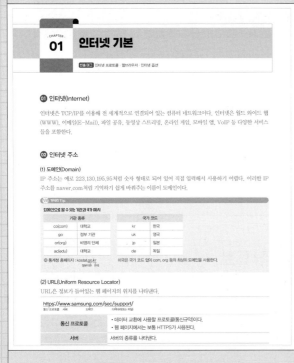

다년간 분석한 기출문제의 출제경향, 난이도를 토대로 따라하기 쉽게 구성하였습니다.

① **빈출 태그**

자주 출제되는 중요 단어를 정리했습니다. 해당 단어가 나오는 부분은 집중해서 보세요.

② **기적의 Tip**

출제 경향이나 학습 노하우를 알려주는 기막히게 잘 맞는 내용을 제시하였습니다.

STEP 2

유형을 확인하는 기출문제

유형을 확인하는 기출문제

1. 지하철 노선 경로 찾기 서비스(포털 및 전문 검색사이트)를 이용하여 수도권 **강남구청역**에서 **강동구청역**을 지하철(전철)로 가는 경로(최소시간)를 찾아 전체화면(**길 찾기 검색화면, 경로 포함**)을 캡처하여 답안 파일에 붙여 넣으시오(이미지 크기 150mm×100mm).

2. 사상 최초로 태양 남극과 북극을 동시에 관측할 우주탐사선이 2020년 6월 처음으로 이 탐사선의 현재 궤도에서 가장 태양과 가까운 근일점에 도착했다. 이 우주탐사선의 **발사 날짜(연월일, 현지 발사시간 기준)**를 검색하시오(정답).

3. 유네스코 세계자연유산은 인류 전체를 위해 보호되어야 할 문화와 자연이 특별히 뛰어난 지역으로 2007년에 제주화산섬과 용암동굴이 등재되었다. 제주도의 지역 중 한라산은 **천연기념물 몇 호**인지 검색하시오(정답).

시험유형을 실습해 본 후 중요 부분을 확인하는 기출문제로 자신의 실력을 체크하세요.

① **정답**

수록된 문제의 정답을 확인하고 맞게 풀이했는지 바로 체크하세요.

STEP 3

기출문제 따라하기

인터넷 윤리   60점, 각 30점

※ 문제에 대한 적절한 내용의 번호를 골라 답안지에 기재하시오.

문제 1 컴퓨터 바이러스 감염을 예방하기 위한 방법으로 옳은 것은?

① 프리웨어는 절대로 사용하지 않는다.
② 중요한 파일은 복사본을 만들어둔다.
③ 모든 소프트웨어는 최신 버전으로 구매한다.
④ 발신인을 알 수 없는 메일은 열어보고 삭제한다.

문제 2 다음 중 모바일 뱅킹(인터넷 뱅킹)의 특징으로 옳지 <u>않은</u> 것은?

① 개인정보유출을 방지할 수 있으며, 가장 안전한 금융거래를 할 수 있다.
② 은행은 거래비용을 줄이고 개별고객에 대한 맞춤 서비스를 강화할 수 있다.
③ 고객은 거래시간과 수수료를 절약할 수 있다.
④ 시간과 공간의 제약 없이 금융거래를 할 수 있다.

인터넷 검색   370점

일반검색 I (각 10점)

문제 3 다음 제목의 책의 13자리 ISBN을 《보기》에서 찾아 해당 번호를 답안지에 적으시오(번호).

문제 3-1) 수축사회   (   )
문제 3-2) 미루기의 천재들   (   )
문제 3-3) 공부머리 독서법   (   )

《보기》
① 9791195984965   ② 9791195316808   ③ 9791157061402
④ 9791196587321   ⑤ 9791130620459

기출문제를 처음부터 단계별로 따라하며 풀이과정을
연습할 수 있습니다.

① · **답안 작성요령** ·

ITQ 인터넷 과목은 별도의 답안파일에 정답을 기록하는
시험입니다. 올바른 작성요령을 확인해 보세요.

② 🎓 **기적의 Tip**

출제 경향이나 학습 노하우를 알려주는 기막히게 잘 맞는
내용을 제시하였습니다.

STEP 4

모의고사 / 기출문제

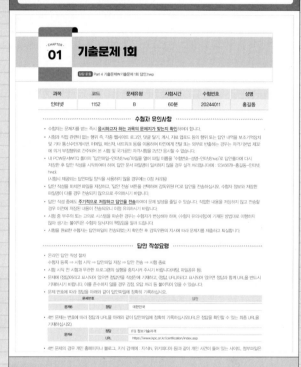

최신 기출문제를 수록하였습니다. 모의고사와 기출문
제로 시험 전 마지막 테스트를 진행하세요.

① 정답 파일

직접 정답파일과 비교해보는 것도 좋은 공부가 됩니다.
부록 자료를 다운로드 받아 확인하세요.

차례

시험 출제 경향

시험은 이렇게 출제된다!

ITQ 인터넷은 작업자의 정보검색능력을 평가하는 자격시험입니다. 총 12개의 문제를 해결해야하며 올바른 정보를 수집하고 다양한 형태로 가공할 수 있는 실무자 배출을 목적으로 합니다.

구성	번호	배점
인터넷 일반	1, 2	각 30점
일반 검색 1	3(3-1, 3-2, 3-3)	각 10점
일반 검색 2	4, 5	각 50점
가로 · 세로 정보검색	6, 7, 8	각 30점
실용 검색	9, 10, 11	각 50점
정보 가공	12(12-1, 12-2, 12-3, 12-4)	70점
합계		500점

문제 1, 2　인터넷 일반

인터넷 윤리 　　　　　　　　　　　　　　　　60점, 각 30점

※ 문제에 대한 적절한 내용의 번호를 골라 답안지에 기재하시오.

문제 1 컴퓨터 바이러스 감염을 예방하기 위한 방법으로 옳은 것은?

① 프리웨어는 절대로 사용하지 않는다.
② 중요한 파일은 복사본을 만들어둔다.
③ 모든 소프트웨어는 최신 버전으로 구매한다.
④ 발신인을 알 수 없는 메일은 열어보고 삭제한다.

문제 2 다음 중 모바일 뱅킹(인터넷 뱅킹)의 특징으로 옳지 <u>않은</u> 것은?

① 개인정보유출을 방지할 수 있으며, 가장 안전한 금융거래를 할 수 있다.
② 은행은 거래비용을 줄이고 개별고객에 대한 맞춤 서비스를 강화할 수 있다.
③ 고객은 거래시간과 수수료를 절약할 수 있다.
④ 시간과 공간의 제약 없이 금융거래를 할 수 있다.

✅ **체크포인트**

– 인터넷 사용 시 필요한 윤리, 네티켓, 실생활 관련 문제들이 출제된다.
– 제시된 보기 등을 검색해 보는 것도 좋은 방법이다.
– 일반 상식적인 내용도 자주 출제되므로 쉽게 정답을 찾을 수 있다.

문제 3 일반검색 I

인터넷 검색	370점

일반검색 I (각 10점)

문제 3 다음 제목의 책의 13자리 ISBN을 〈보기〉에서 찾아 해당 번호를 답안지에 적으시오(번호).

문제 3-1) 수축사회 ( )

문제 3-2) 미루기의 천재들 ( )

문제 3-3) 공부머리 독서법 ( )

〈보기〉
① 9791195984985 ② 9791196316808 ③ 9791157061402
④ 9791196587321 ⑤ 9791130620459

✅ **체크포인트**
 – 하나의 큰 주제 속에서 갈래의 정보를 찾아야하는 문제이다.
 – 주제에 속하는 웹사이트 및 검색이 가능한 곳을 우선적으로 찾아낸 후 풀어내는 것이 용이하다.
 (예) 2023년 아카데미상 → 남우조연상)

문제 4, 5 일반검색 II

일반검색 II (각 50점)

문제 4 무선 통신의 용량을 높이기 위한 스마트 안테나 기술로 기지국과 휴대 단말기의 안테나를 2개 이상으로 늘려 데이터를 여러 경로로 전송하는 다중의 입출력이 가능한 안테나 시스템이다. 이것을 **무엇(영문)**이라 하는지 검색하시오(정답, URL).

문제 5 통계청은 연간 고용 동향을 발표하고 있다. 이 자료를 보면 2022년 12월 전국의 '15-64세 고용률(%)'은 68.5%로 나타났다. 통계청 국가통계포털 경제활동인구에서 2023년 1월 제주도의 15-64세 **고용률**(단위: %)을 검색하시오(정답).

✅ **체크포인트**
 – (문제 4) 권한, 기술, 제도 등의 문제가 출제되며 정답뿐만 아니라 URL도 적어야 한다. 유의할 점은 개인이 작성한 지식iN, 위키피디아 등의 URL은 오답으로 처리된다. 공식홈페이지 혹은 뉴스, 백과사전처럼 공신력이 있는 페이지의 URL을 사용해야 한다.
 – (문제 5) 주로 통계를 이용한 문제가 출제된다. 통계를 찾아내는 방법과 설정하는 방법을 알아두어야 한다.

문제 6, 7, 8 가로 · 세로 정보검색

가로 · 세로 정보검색 (각 30점)

※ 아래 각 문제의 설명을 읽고 가로 · 세로에 알맞은 단어를 답안에 기재하시오(정답).

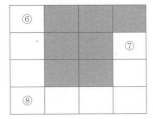

문제 6 (세로) 통일 신라 시대에, 서라벌 사람들이 철 따라 찾아가 놀던 집을 **무엇**이라 했는지 검색하시오.

문제 7 (세로) '털이 많이 나서 험상궂게 보이는 수염'을 이르는 **우리말**을 검색하시오.

문제 8 (가로) 혜택이 영원히 미침을 이르는 **사자성어**를 검색하시오.

✅ **체크포인트**
- 사자성어, 순우리말, 물건 및 지명을 검색하는 내용이 주로 출제된다.
- 가로 · 세로의 겹치는 부분을 유의하여 정답을 찾아내야 한다.

문제 9, 10, 11 실용검색

실용검색 (각 50점)

문제 9 길 찾기 서비스(포털 및 전문 검색사이트)를 이용하여 서울 **종로3가역 11번 출구** 앞에서 **서울대학교병원 정문을 도보**로 가는 지도 경로를 찾아 전체화면(경로 검색화면 포함)을 캡처하여 답안 파일에 붙여 넣으시오(이미지 크기 150mm x 100mm).

문제 10 서울특별시 미래유산은 문화재로 등록되지 않은 서울의 근현대 문화유산 중에서 미래세대에게 전달할 만한 가치가 있는 유 · 무형의 모든 것으로, 미래세대에게 전할 100년 후의 보물이다. 2015년에 선정된 서울시 서초구의 **미래유산(이름)**을 검색하시오(정답).

문제 11 상표란 자기의 상품과 타인의 상품을 식별하기 위하여 사용하는 표장(標章)을 말한다. 국내 특허 검색에서 국내 상표 출원번호가 4020210062525인 상표의 **출원인**을 검색하시오(정답).

✅ **체크포인트**
- 길 찾기, 기념일, 각종 예약, 여행지 관련한 문제가 출제된다. 문제 자체에서 힌트가 주어지므로 검색어를 한정지어 풀면 된다.
- 이미지 크기에 주의한다.

문제 12   정보 가공

정보 가공	70점

※ 제시된 주제에 따라 답안을 완성하시오.

문제 12 신라 천년의 수도이며 유네스코가 지정한 세계문화유산인 경주역사유적지구에 위치한 국립경주박물관은 신라의 문화유산을 한 눈에 살필 수 있는 한국의 대표적인 박물관이다. 국립경주박물관에 대한 정보를 검색하여 다음의 안내문 내용을 완성하시오.

신라 천년 역사문화와의 만남, 국립경주박물관	
(12-1) 특별전 '낭산, 도리천 가는 길' 포스터 **이미지**	(12-2) 국립경주박물관 **주소**(도로명 주소) (12-3) 신라역사관의 **정기휴관일** (12-4) 학생봉사활동의 **활동 분야**

✔ **체크포인트**
- 정해진 키워드를 중심으로 관련된 내용을 묻는 문제가 출제된다.
- 대부분의 경우 해당 주제의 공식 홈페이지에서 찾을 수 있으며 포털사이트를 통해 알아볼 수도 있다.

시험의 모든 것

01 ITQ 응시 자격 조건

제한 없음

02 원서 접수하기

https://license.kpc.or.kr 인터넷 접수

• 직접 선택한 고사장, 날짜, 시험시간 확인(방문 접수 가능)

03 시험 응시

• 60분 안에 답안 파일 작성
• 네트워크로 연결된 감독위원 PC로 답안 전송

04 합격자 발표

https://license.kpc.or.kr에서 성적 확인 후
자격증 발급 신청

1. ITQ 시험 과목

자격 종목	시험 과목	S/W Version	접수 방법	시험 방식
정보기술자격 (ITQ)	아래한글	한컴오피스 2020/2016(NEO) 선택	온라인/방문	PBT
	한글엑셀 한글파워포인트 한글액세스	MS Office 2016 (2024년 1월부터 2021버전 선택가능)		
	인터넷	익스플로러 8.0 이상		

- 정보 기술 자격(ITQ) 시험은 정보 기술 실무능력을 평가하는 시험으로 국민 누구나 응시가 가능한 시험이다.
- 동일 회차에 최대 3과목까지 신청자가 선택하여 응시할 수 있다.
- 아래한글 과목은 2020, 2016(NEO) 두 개 버전의 선택응시가 가능하다.
- 2024년 1월부터 엑셀, 파워포인트, 액세스 과목은 2021, 2016 두 개 버전의 선택응시가 가능하다.

2. 시험 배점 및 시험 시간

시험 배점	시험 방법	시험 시간
과목당 500점	실무작업형 실기시험	과목당 60분

3. 시험 검정 기준

ITQ 시험은 500점 만점을 기준으로 200점 이상 취득자에 한해서 C등급부터 A등급까지 등급별 자격을 부여하며, 낮은 등급을 받은 수험생이 차기시험에 재응시하여 높은 등급을 받으면 등급을 업그레이드 할 수 있다.

A등급	B등급	C등급
500 ~ 400점	399 ~ 300점	299 ~ 200점

※ 200점 미만은 불합격 처리

4. 등급 기준

A등급	주어진 과제의 100~80%를 정확히 해결할 수 있는 능력 수준
B등급	주어진 과제의 79~60%를 정확히 해결할 수 있는 능력 수준
C등급	주어진 과제의 59~40%를 정확히 해결할 수 있는 능력 수준

답안 전송 프로그램 설치

01 이기적 홈페이지(license.youngjin.com)에 접속한 후 상단에 있는 [자료실]–[ITQ]를 클릭한다.
'이기적 ITQ 인터넷 부록 자료'를 클릭하고 첨부 파일을 다운로드 받아 압축을 해제한다.

02 다음과 같은 폴더가 열리면 'SETUP.EXE'를 더블클릭하여 프로그램을 실행시킨다.
(※ 운영체제가 Windows 7 이상인 경우는 마우스 오른쪽 버튼을 클릭해 '관리자 권한으로 실행'을
선택하여 실행시킨다.)

03 다음과 같이 설치 화면이 나오면 [다음]을 클릭하고 설치를 진행한다.

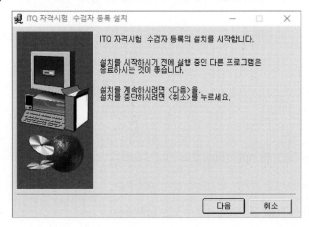

04 설치 진행이 완료되면 'ITQ 수험자용' 아이콘을 더블클릭하여 프로그램을 실행한다.

※ 여러 과목의 ITQ 시험을 함께 준비하는 수험생은 기존 과목의 프로그램을 삭제하지 마시고 그대로 사용하세요.

답안 전송 프로그램 사용 방법

답안 작성 요령

❶ 수험자 시험 시작
20분 전 입실
▶
❷ 수험자 등록
(수험번호)
▶
❸ 시험 시작
(응시과목 답안 작성)
▶
❹ 답안 파일 저장
(수험자 PC 저장)
▶
❺ 답안 파일 전송
(감독 PC로 전송)
▶
❻ 시험 종료
(수험자 퇴실)

01 수험자 수험번호 등록

① 바탕화면에서 'ITQ 수험자용'아이콘을 실행한다. [수험자 등록] 화면에 수험번호를 입력한 후 [확인]을 클릭한다.

② 다음과 같은 출력화면 확인 후 감독위원의 지시를 기다린다.

02 시험 시작(답안 파일 작성)

① 과목에 맞는 수검 프로그램(아래한글, MS 오피스)을 실행 후 작성한다.

② 인터넷 과목은 '내 PC₩문서₩ITQ₩' 폴더의 '답안파일-인터넷.hwp' 파일을 불러온 후 작성한다.

03 답안 파일 저장(수험자 PC 저장)

① 답안 파일은 '내 PC₩문서₩ITQ' 폴더에 저장한다.

② 인터넷 과목은 '수험번호-성명-인터넷.hwp'로 저장한다.

04 답안 파일 저장(감독 PC로 전송)

① 바탕화면의 실행 화면에서 [답안 전송]을 클릭한다.

수험생 PC 실행화면

② 작성한 답안 파일을 감독 PC로 전송한다. 화면에서 작성한 답안파일의 존재유무(파일이 '내 PC₩문서₩ITQ' 폴더에 있을 경우 '있음'으로 표시됨)를 확인 후 [답안 전송]을 클릭한다.

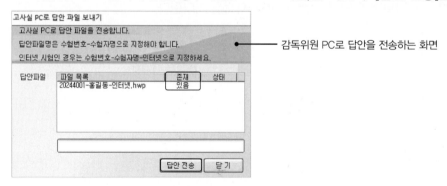

감독위원 PC로 답안을 전송하는 화면

③ 전송이 성공적으로 끝나면 상태 부분에 '성공'이라 표시된다.

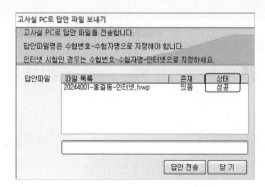

④ [수험자 수험 종료]를 클릭하여 종료한다.

자주 질문하는 Q&A

01 ITQ 시험에 대한 일반 사항

Q **ITQ는 어떤 시험인가요?**

ITQ는 실기 시험으로만 자격을 평가하는 시험으로 아래한글(MS 워드), 엑셀, 파워포인트, 액세스, 인터넷 등으로 이루어져 있습니다.

Q **3과목을 취득해야 국가공인 자격증이 인정된다는데 사실인가요?**

사실이 아닙니다. ITQ는 한글, 파워포인트, 엑셀, 액세스, 인터넷 등의 과목으로 이루어져 있으며, 이 중 한 가지만 자격을 취득하여도 국가공인 자격으로 인정됩니다.

Q **1년에 몇 회 정도 시험이 시행되나요?**

매월 1~2회 정도 1년에 16번 시행되며, 지역센터에서 시험을 응시할 수 있습니다.

Q **OA MASTER 자격 취득은 어떻게 하는 건가요?**

ITQ 시험에 응시하여 3과목 "A"등급을 취득한 자로, 온라인으로 신청 가능하며 발급 비용 및 수수료는 별도로 부과됩니다.

Q **부록 자료의 답안 전송 프로그램을 설치했는데 '339 런타임 오류가 발생하였습니다'라는 오류 메시지가 나타납니다. 어떻게 해야 되나요?**

339 런타임 오류는 운영체제가 윈도 비스타일 경우 발생하는 오류입니다. 컴퓨터 부팅 시 반드시 관리자 모드로 부팅해주시고, 해당 프로그램 실행 시 마우스 오른쪽 버튼을 클릭하여 '관리자 권한으로 실행'을 선택해서 설치해 주시기 바랍니다.

Q **답안 전송 프로그램을 실행하는데, 'vb6ko.dll'파일 오류가 발생합니다. 어떻게 해야 하나요?**

오류가 발생하는 경우는 이기적 홈페이지 ITQ 자료실 공지사항을 확인하시고 첨부 파일을 다운로드 받으셔서 해당 폴더에 넣어주시면 됩니다.

- 윈도우XP – C:\Windows\System
- 윈도우7, 10 ① 32bit – C:\Windows\System32
  　　　　　② 64bit – C:\Windows\System32, C:\Windows\Syswow64

02 작업 방법에 관련한 사항

Q 개인 블로그에서 찾은 답안도 정답으로 인정되나요?

개인의 의견을 담은 블로그, 지식in, 위키피디아 사전에서 검색한 답안은 문제 중 URL 입력을 요구하는 4번 문항을 제외하고 사용 가능합니다. 다만 정답이 아닐 수 있으니 잘 판단해야 합니다.

Q 그림 크기를 조절할 때 기본 항목과 그림 항목 중 어느 쪽을 선택하여 그림 크기를 변경해야 하나요?

그림 탭에 있는 그림 확대/축소 명령은 비율로 그림의 크기를 변경하는 명령입니다. 시험문제는 너비와 높이를 mm로 변경하는 문제가 출제되며, 기본 탭에 있는 너비와 높이 값을 변경하면 됩니다.

Q 문제를 풀다보면 '단위:명' 또는 '단위:원'이라고 표시되어 있는데 이 표시는 무엇인가요?

답안에 부여되는 표시로 사람일 경우에는 '명', 화폐 금액일 경우 '원', 숫자 개수일 경우 '개' 등의 단위를 말합니다. 문제 상에 단위 표시가 표기되어 있으면 정확한 답안 작성을 위하여 단위를 입력하는 것을 권장합니다.

Q 주소표시 URL은 홈페이지 상에 보이는 주소를 복사하여 답안지에 복사하면 되나요?

아니요, 그렇지 않습니다. Internet Explorer를 예로 들면 수험자가 답안을 검색한 홈페이지에서 마우스 오른쪽 버튼을 클릭한 후 [속성]을 클릭하여 대화상자에서 보이는 주소를 마우스로 복사하여 답안지에 붙여넣어야 됩니다. 화면 상에 보이는 홈페이지 주소와 검색된 답안의 주소는 다를 수 있으므로 주의해야 합니다.

Q 답안 전송 메뉴에서 파일 목록에 내가 저장한 답안이 나타나지 않습니다.

ITQ 인터넷 시험 수험자는 답안지 파일을 열어서 반드시 [파일]-[다른 이름으로 저장하기]에서 '수험번호-이름-인터넷'으로 이름을 바꾸어 '내 PC₩문서₩ITQ₩'에 저장한 후 답안 전송을 해야 합니다.

Q 인터넷을 검색하다 보면 프로그램을 설치하라는 메시지가 가끔씩 보일 땐 어떻게 해야 하나요?

ITQ 시험에서는 프로그램을 설치하여 진행하는 답안 검색은 출제되지 않고 있습니다. 부득이하게 이런 경우가 발생할 때에는 신속하게 감독관에게 질의하여 불필요한 프로그램이 설치 진행되어 시험에 불이익을 받지 않도록 조치토록 합니다.

PART 01

시험 유형 따라하기

 차례

인터넷 기본

빈출 태그 인터넷 프로토콜 · 웹브라우저 · 인터넷 옵션

01 인터넷(Internet)

인터넷은 TCP/IP를 이용해 전 세계적으로 연결되어 있는 컴퓨터 네트워크이다. 인터넷은 월드 와이드 웹(WWW), 이메일(E-Mail), 파일 공유, 동영상 스트리밍, 온라인 게임, 모바일 앱, VoIP 등 다양한 서비스들을 포함한다.

02 인터넷 주소

(1) 도메인(Domain)

IP 주소는 예로 223.130.195.95처럼 숫자 형태로 되어 있어 직접 입력해서 사용하기 어렵다. 이러한 IP 주소를 naver.com처럼 기억하기 쉽게 바꿔주는 이름이 도메인이다.

> **기적의 Tip**
>
> **도메인으로 알 수 있는 기관과 국가 예시**
>
> | 기관 종류 | | 국가 코드 | |
> |---|---|---|---|
> | co(com) | 회사 | kr | 한국 |
> | go | 정부 기관 | uk | 영국 |
> | or(org) | 비영리 단체 | jp | 일본 |
> | ac(edu) | 대학교 | de | 독일 |
>
> ⓔ 통계청 홈페이지 : kostat.go.kr
>   정부기관 한국
>
> 미국은 국가 코드 없이 com, org 등의 최상위 도메인을 사용한다.

(2) URL(Uniform Resource Locator)

URL은 정보가 들어있는 웹 페이지의 위치를 나타낸다.

https://www.samsung.com/sec/support/
통신 프로토콜   서버   도메인   디렉터리(또는 파일)

통신 프로토콜	• 데이터 교환에 사용할 프로토콜(통신규약)이다. • 웹 페이지에서는 보통 HTTPS가 사용된다.
서버	서버의 종류를 나타낸다.
도메인	등록된 사이트의 이름이다.
디렉터리	사이트의 하위 구조로서 페이지의 위치를 나타낸다.

❸ 웹 브라우저(Web Browser)

인터넷에서 웹 페이지를 여는 데 사용하는 응용 프로그램이다. 정보 검색, 영상 시청, 이메일 등 다양한 활동을 지원한다. 마이크로소프트의 엣지(Edge), 구글의 크롬(Chrome) 등이 있으며 화면 구성은 대부분 비슷하다.

(1) Microsoft Edge 실행 방법
- 방법1 : [시작] 메뉴 또는 바탕 화면에서 [Microsoft Edge]를 클릭하여 실행한다.
- 방법2 : 작업 표시줄의 [찾기]에서 『Edge』를 검색한 후 실행한다.

(2) Microsoft Edge 화면 구성

❶ 탭	현재 창을 보여주며 오른쪽 + 버튼으로 여러 탭을 띄울 수 있다.
❷ 앞/뒤 이동	열어본 페이지로 이동할 수 있다.
❸ 새로 고침	현재 페이지를 새로 불러온다.
❹ 주소 표시줄	현재 페이지의 주소를 표시한다. 직접 입력하여 이동할 수 있다.
❺ 도구	즐겨찾기, 설정 및 기타 기능을 이용할 수 있다.

> 🎓 기적의 Tip
>
> **유용한 단축키**
>
> | 단축키 | 기능 |
> | --- | --- |
> | F3 | 찾기 – 페이지에서 특정 단어를 검색할 수 있다. |
> | Ctrl + +, − | 페이지를 확대(+)하거나 축소(−)해서 볼 수 있다. |

(3) Microsoft Edge의 설정

① 오른쪽 상단의 [설정 및 기타](···)를 클릭한다. → [설정](⚙)을 클릭한다.

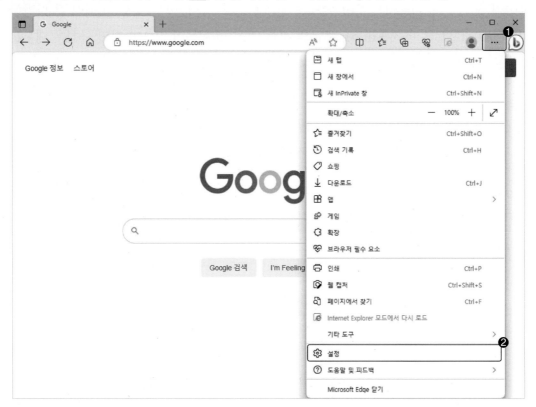

② 브라우저의 설정을 다양하게 조정할 수 있다.

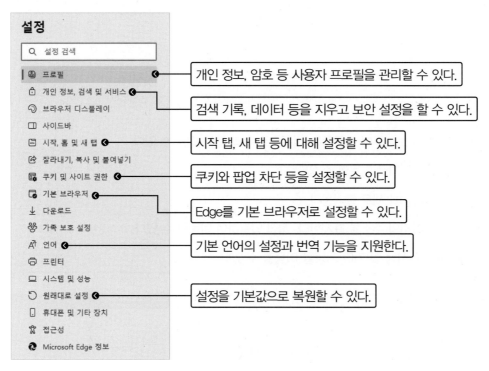

쿠키
웹에 접속할 때 사이트가 있는 서버에 의해 사용자의 컴퓨터에 저장되는 정보이다. 주로 로그인 정보, 장바구니 정보 등이 해당된다.

팝업
사이트에서 새로운 창을 띄워 내용을 보여주는 것으로 주로 광고나 공지 등에 이용된다.

04 포털 사이트(Portal Site)

유명한 검색 엔진이나 대형 언론 등 풍부한 정보를 제공하여 이용자의 접속이 집중되는 사이트이다. 국내에서는 네이버(naver.com), 구글(google.com), 다음(daum.net)이 높은 점유율을 가지고 있다.

인터넷 윤리

01 인터넷 공간의 특징

(1) 익명성

인터넷은 현실의 대면 접촉처럼 개인의 모습이나 성격이 드러나지 않는다. 이런 특성을 악용하는 사례가 늘면서 인터넷상의 예절의 중요성이 한층 부각되고 있다. 상대방에 대해 쉽게 생각하지 말고 존중과 상호 배려의 필요성이 강조된다.

(2) 자율성

인터넷에서는 다양한 정보를 쉽게 얻을 수 있다. 다만 이에 따른 부작용으로 타인의 창작물을 무작위적으로 사용하거나 조작하는 행위가 사회문제를 야기한다. 자료는 필요에 따라 합법적으로 사용하여야 하며, 타인의 명예를 훼손하여서는 안된다.

(3) 다양성

인터넷에서는 별다른 경계 없이 모든 사람들과 교류할 수 있다. 사람마다 지역, 나이, 사상, 직업 등 무한한 다양성이 존재하고 그에 따른 가치관과 판단기준 역시 다양해진다. 따라서 나의 가치관이 절대적으로 옳다고 할 수 없으며, 상대방을 존중하고 근거없는 유언비어를 조심하여야 한다.

02 네티켓(Netiquette)의 핵심원칙

네티켓은 인터넷과 에티켓의 합성어로 인터넷상에서 기본적으로 지켜야할 예절이다.
① 인간임을 기억하라.
② 실제 생활에서 적용된 것처럼 똑같은 기준과 행동을 고수하라.
③ 현재 자신이 어떤 곳에 접속해 있는지 알고, 그곳 문화에 어울리게 행동하라.
④ 다른 사람의 시간을 존중하라.
⑤ 온라인에서도 교양 있는 사람으로 보이도록 하라.
⑥ 전문적인 지식을 공유하라.
⑦ 논쟁은 절제된 감정 아래 행하라.
⑧ 다른 사람의 사생활을 존중하라.
⑨ 당신의 권력을 남용하지 마라.
⑩ 다른 사람의 실수를 용서하라.

03 인터넷 윤리

네티켓의 핵심원칙을 바탕으로 올바른 인터넷 문화가 발전할 수 있도록 모두 노력하여야 한다.

(1) 게시판, 채팅, 이메일

① 게시판의 글은 명확하고 간결하게 쓴다.

② 문법에 맞는 표현과 맞춤법에 맞춰 사용한다.

③ 다른 사람의 글에 지나친 비판이나 반박을 하지 않는다.

④ 이메일은 자신의 신분을 미리 밝히고 보낸다.

⑤ 채팅할 때에는 자기 자신을 먼저 소개한 뒤 대화에 임한다.

⑥ 다른 사람에게는 '님'자 호칭 등으로 존중을 표한다.

⑦ 같은 내용의 말을 계속 반복하지 않는다.

⑧ 채팅 등의 대화를 나오거나 종료할 때 인사를 한다.

⑨ 성희롱, 비속어 등의 사용을 하지 않는다.

⑩ 개인정보의 노출에 주의한다.

> **기적의 Tip**
>
> **개인정보**
> 살아 있는 개인에 관한 정보로서 성명, 주민등록번호 및 영상 등을 통하여 개인을 알아볼 수 있거나 특정 개인을 알아볼 수 없더라도 다른 정보와 쉽게 결합하여 알아볼 수 있는 정보를 말한다.

(2) 자료의 공유, 소프트웨어의 사용

① 자료를 업로드할 때는 출처와 원 작성자를 밝힌다.

② 타인의 저작권을 침해하지 않도록 주의한다.

③ 자료를 중복하여 올리지 않는다.

④ 불법 자료, 음란물 등을 받거나 공유하지 않는다.

⑤ 정품 또는 신뢰할 수 있는 제작자의 소프트웨어를 사용한다.

⑥ 공유된 자료를 그 목적 외에 다른 용도로 사용하지 않는다.

⑦ 소프트웨어를 사용할 때 해당 라이선스 조건을 준수한다.

저작권 침해

저작권법에 의해 보호받는 권리를 침해하는 행위로 각종 저작물을 저작자의 동의 없이 인터넷상에서 공유하거나 상업적인 이용을 하는 형태의 문제가 많이 발생하고 있다.

저작물의 예시 (저작권법 제4조)

1. 소설 · 시 · 논문 · 강연 · 연설 · 각본 그 밖의 어문저작물
2. 음악저작물
3. 연극 및 무용 · 무언극 그 밖의 연극저작물
4. 회화 · 서예 · 조각 · 판화 · 공예 · 응용미술저작물 그 밖의 미술저작물
5. 건축물 · 건축을 위한 모형 및 설계도서 그 밖의 건축저작물
6. 사진저작물(이와 유사한 방법으로 제작된 것을 포함한다)
7. 영상저작물
8. 지도 · 도표 · 설계도 · 약도 · 모형 그 밖의 도형저작물
9. 컴퓨터프로그램저작물

> ### 기적의 Tip
>
> **프리웨어**
> 개인 사용자가 무료로 사용할 수 있는 프로그램이다. 다만 영리를 목적으로 배포할 수 없으며, 상업적 이용 역시 제한하는 형태가 많다.

(3) 해킹, 바이러스, 사이버 범죄

① 개인정보, 암호 등이 유출되지 않도록 주의한다.
② 스팸메일로 의심되면 열어보지 않는다.
③ 백신 프로그램, 방화벽 등을 사용하여 바이러스 감염과 해킹을 예방한다.
④ 불법 사이트에 접속하거나 의심되는 링크를 클릭하지 않는다.
⑤ 비밀번호는 영문+숫자+특수문자를 모두 조합하는 것이 안전하다.
⑥ PC방 등 공용 컴퓨터에서는 금융거래를 가급적 하지 않는다.
⑦ 중요한 데이터는 미리 백업을 한다.

> ### 기적의 Tip
>
> **해킹(Hacking)**
> 컴퓨터 네트워크의 취약한 보안망에 불법적으로 접근하거나 정보 시스템에 유해한 영향을 끼치는 행위이다. 비슷한 의미로 크래킹(Cracking)이라고도 한다.
>
> **DDoS(Distributed Denial of Service) 공격**
> 해킹 방식의 하나로서 특정 인터넷 사이트가 소화할 수 없는 규모의 접속 통신량(트래픽)을 한 번에 일으켜 서비스를 마비시키는 형태의 공격이다.
>
> **랜섬웨어(Ransomware)**
> 몸값을 뜻하는 Ransom과 악성 코드를 뜻하는 Malware의 합성어로 사용자의 동의 없이 컴퓨터에 설치되어 무단으로 사용자의 파일을 모두 암호화하여 인질로 잡고 금전을 요구하는 수법이다.

전자금융사기 종류	내용
피싱(Phishing)	개인정보(Private data)와 낚시(Fishing)의 합성어로 금융기관을 가장한 이메일 등으로 가짜 은행사이트로 접속을 유도하는 수법이다.
스미싱(Smishing)	문자메시지(SMS)와 피싱(Phishing)의 합성어로 무료쿠폰, 초대장, 청첩장 등의 내용으로 메시지 내 인터넷 주소를 클릭하면 악성코드 등을 설치하여 피해자가 모르게 금융정보 등을 탈취하는 수법이다.
파밍(Pharming)	악성코드 등으로 사용자 PC를 조작하여 사용자가 금융회사 등의 정상 홈페이지에 접속 하여도 피싱(가짜) 사이트로 유도하는 수법이다.

(4) 전자상거래

① 안전한 결제가 이루어지는 사이트인지 확인한다.

② 사이트에 사업자정보(상호, 주소, 전화번호, 사업자등록번호 등)가 기재되어 있는지 확인한다.

③ 고객센터, 상담전화 등이 잘 운영되고 있는지 확인한다.

④ 교환, 환불, 반품 조건 등을 확인한 후 거래한다.

⑤ 주문을 완료한 후 주문 확인 이메일 또는 영수증을 보관한다.

⑥ 의심스러운 거래, 너무 좋아 보이는 거래는 주의하여 살펴본다.

(5) 게임, 인터넷 중독

① 특별한 목적이 없는 인터넷 사용을 자제한다.

② 게임, 인터넷, SNS 때문에 취침시간을 넘기지 않는다.

③ 인터넷 이외의 취미 생활, 문화 활동을 늘린다.

④ 자극적인 매체를 접하는 것에 경각심을 가진다.

⑤ 게임 이용 시 연령 등급을 준수한다.

⑥ 장시간 사용할 때는 정기적으로 쉬는 시간을 가진다.

⑦ 만약 중독 증상이나 문제가 있다면 관련 건강 전문가와 상담한다.

유형을 확인하는 기출문제

1 다음 중 전자금융 사기의 예로 옳지 않은 것은?

① 문자로 URL 접속을 유도하여 가짜 보안 사이트를 연결한다.

② 가짜 악성코드 진단 경고 메시지로 '치료하기' 선택을 유도하여 스마트폰에 저장된 정보를 탈취한다.

③ 앱 다운로드 시 각종 정보사용에 대한 동의를 요구한 후 '푸시 알림' 서비스를 제공한다.

④ 악성코드에 감염된 스마트뱅킹 앱이 구동되며 보안 업데이트하는 것처럼 속여 개인금융정보의 입력을 요구한다.

2 안전한 인터넷 사용을 위한 비밀번호 관리 방법으로 옳지 않은 것은?

① 비밀번호를 잊지 않도록 공용 컴퓨터에 자동 로그인 설정을 하여 사용한다.

② 비밀번호는 주기적으로 변경하여 사용한다.

③ 사전에 등록된 단어나 연속된 문자를 사용하지 않는다.

④ 주민등록번호나 전화번호 등을 사용하지 않는다.

3 다음 중 안전한 인터넷 쇼핑을 위한 소비자 안전수칙으로 거리가 먼 것은?

① 홈페이지에서 사업장 및 사업정보를 확인한다.

② 안전한 결제시스템인지와 거래 조건을 확인한다.

③ 거래정보를 저장 또는 출력하여 보관한다.

④ 무료배송 서비스, 최저가, 포인트 제도가 있는지 확인한다.

4 다음 중 컴퓨터 사용에 관한 정보보호 생활수칙으로 옳은 것은?

① 패스워드는 영문, 숫자, 특수기호 등을 조합하여 8자리 이상으로 설정하고 영구적으로 사용

② P2P, 메신저를 이용한 파일 다운로드 시 백신 소프트웨어를 일시정지 후 사용

③ 개인용 컴퓨터에 부팅, 로그인, 화면보호기의 패스워드를 설정하여 사용

④ 공유폴더 사용은 최대화하고, 사용 시 모든 권한을 부여하여 사용

5 자녀들의 올바른 컴퓨터 사용을 위하여 가정에서 노력할 수 있는 방법으로 옳지 않은 것은?

① 온라인 친구를 만들지 않도록 제재를 가한다.

② 자녀들과 함께 적절한 사용규칙과 가이드라인을 세운다.

③ 컴퓨터는 가족이 공동으로 사용하는 장소에 놓고 공유한다.

④ 음란물을 차단할 수 있는 필터링 프로그램을 설치하여 사용한다.

정답　　1 ③　　2 ①　　3 ④　　4 ③　　5 ①

일반 검색

01 검색, 정답 작성 방법

① 평소 자주 사용하는 포털 사이트로 접속한다.

② 문제의 핵심 단어 또는 문구를 파악하고 검색창에 입력한다.

③ 검색 결과를 보고 문제의 답과 관련 있는 콘텐츠를 찾아 클릭한다.

④ 정답이 확인되면 답안지 파일에 작성한다.

⑤ URL 입력 문제는 주소 표시줄의 URL을 복사(Ctrl + C)한 후 답안지에 붙여넣기(Ctrl + V)한다.

> 🎓 기적의 Tip
>
> **ITQ 인터넷 답안지 파일**
> 시험장 컴퓨터의 내 PC₩문서₩ITQ 폴더에 있는 "답안파일-인터넷.hwp"를 열어 사용하면 된다.

02 키워드 검색

IT 분야와 관련된 용어를 묻는 문제들이 주로 출제되고 있다.

> 따라하기 │ 반도체 산업에서 반도체의 설계 디자인을 전문으로 하는 기업인 팹리스(Fabless)로부터 제조를 위탁받아 반도체
> 를 생산하는 업체를 **무엇**이라 하는지 검색하시오(정답, URL).

① 네이버(naver.com)에 접속한다. → 『반도체 위탁 생산 업체』를 검색창에 입력한다.

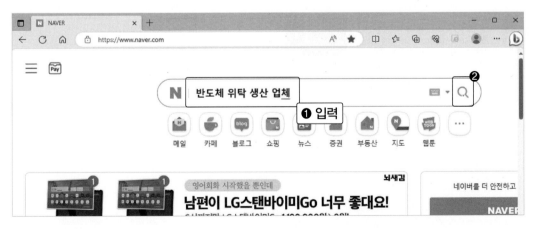

② 검색된 결과 중에 문제의 내용을 포함하거나 일치하는 키워드가 있는지 확인한다.

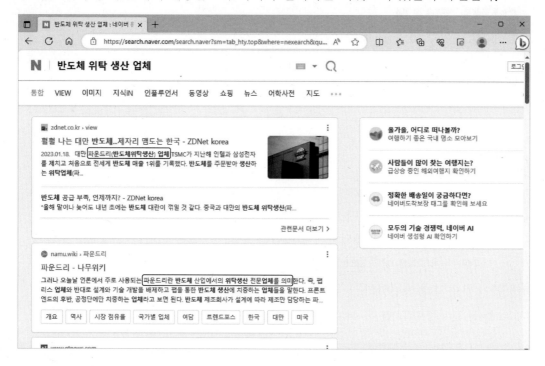

③ 정답으로 추정되는 『파운드리』를 다시 검색한다. → 결과 중에 지식백과를 클릭한다.

④ 문제의 정답이 맞는지 내용을 확인한다. → 주소창을 클릭하여 현재 주소를 복사(Ctrl + C)한다.

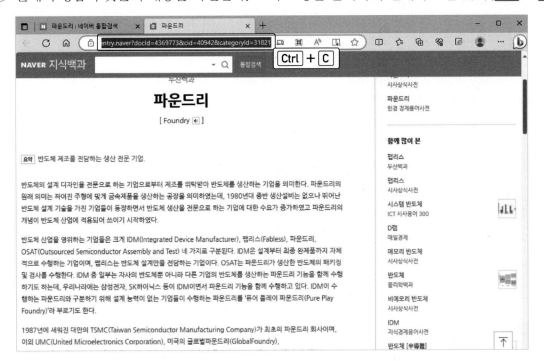

⑤ 답안을 작성한다. 복사한 URL은 답안지에 붙여넣기(Ctrl + V)한다.

> **정답** 파운드리(Foundry)
>
> **URL** https://terms.naver.com/entry.naver?docId=4369773&cid=40942&categoryId=31821

03 통계, 수치 자료 검색

통계청에서 제공하는 자료를 찾거나 기상청 측정 자료를 찾는 문제가 주로 출제되고 있다.

따라하기   입동(立冬)은 태양 황경이 225도가 될 때로 겨울이 시작하는 날이다. 2022년 입동인 날에 기상청 파주 무인관서에서 관측한 일최저기온(단위: ℃)을 검색하시오(정답).

① 네이버(naver.com)에서 『2022년 입동』을 검색하여 날짜가 '11월 7일'임을 확인한다.

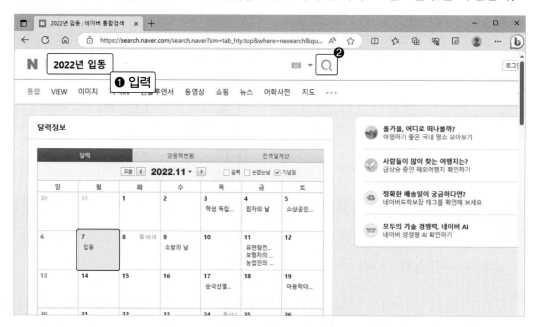

② 네이버에서 『기상청』을 검색한다. → [기상청 날씨누리] 링크를 클릭한다.

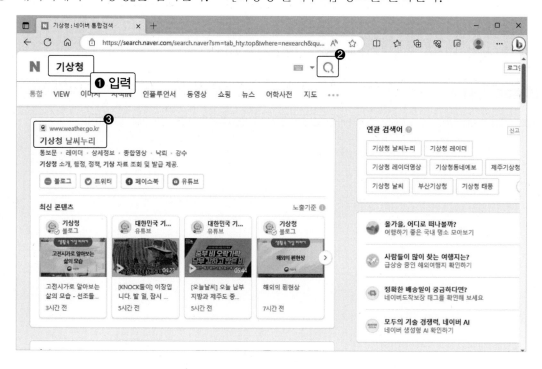

③ 기상청 날씨누리 페이지에서 [관측ㆍ기후] – [육상] – [과거관측]을 클릭한다.

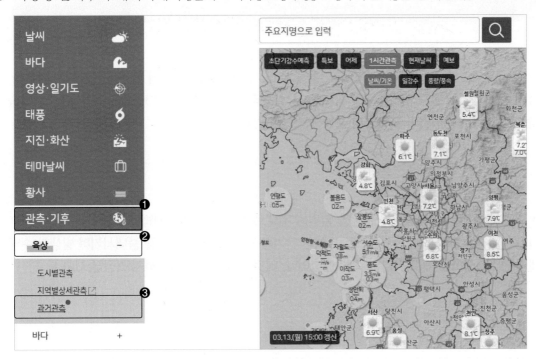

④ 일별자료 페이지에서 지점은 '파주(무)', 년도는 '2022년', 월은 '11월', 요소는 '기온/강수량'을 선택한다.

지점	파주(무)	∨	선택	년도	2022년	∨	선택
월	11월	∨	선택	요소	기온/강수량	∨	선택

⑤ 입력한 조건에 맞게 일별자료 페이지가 변경되면 11월 7일의 최저기온을 확인한다.

						날씨달력 파주(무)/ 2022년 11월
일요일	월요일	화요일	수요일	목요일	금요일	토요일
		1일	2일	3일	4일	5일
		평균기온:10.5℃ 최고기온:18.3℃ 최저기온:3.2℃ 평균운량:3.9 일강수량: -	평균기온:7.2℃ 최고기온:17.1℃ 최저기온:-0.7℃ 평균운량:0.3 일강수량: -	평균기온:6.7℃ 최고기온:12.6℃ 최저기온:2.0℃ 평균운량:8.4 일강수량:0.0mm	평균기온:2.1℃ 최고기온:9.7℃ 최저기온:-4.0℃ 평균운량:0.3 일강수량: -	평균기온:3.5℃ 최고기온:13.0℃ 최저기온:-5.6℃ 평균운량:1.1 일강수량: -
6일	7일	8일	9일	10일	11일	12일
평균기온:6.3℃ 최고기온:15.5℃ 최저기온:-1.4℃ 평균운량:2.4 일강수량: -	평균기온:8.8℃ 최고기온:15.5℃ 최저기온:1.5℃ 평균운량:5.6 일강수량:0.0mm	평균기온:8.6℃ 최고기온:17.1℃ 최저기온:3.9℃ 평균운량:5.6 일강수량: -	평균기온:8.4℃ 최고기온:17.7℃ 최저기온:3.4℃ 평균운량:7.8 일강수량: -	평균기온:9.7℃ 최고기온:14.3℃ 최저기온:4.0℃ 평균운량:5.9 일강수량: -	평균기온:12.4℃ 최고기온:21.5℃ 최저기온:6.6℃ 평균운량:1.6 일강수량: -	평균기온:13.8℃ 최고기온:22.3℃ 최저기온:6.2℃ 평균운량:8.4 일강수량:40.1mm

⑥ 답안을 작성한다.

정답 1.5

1 책 내용을 손으로 만지고 냄새를 맡으며 소리로도 들을 수 있게 한 새로운 개념의 차세대 전자책을 말한다. 읽기만 하는 기존 종이 책이나 전자책과는 달리 정보를 시각, 청각, 촉각을 통해 받아들임으로써 교육 및 학습 효과가 높아지는 장점이 있다. 이것이 **무엇**인지 검색하시오(정답, URL).

2 일반 대중이 기업 내부 인력을 대체하는 현상을 일컫는 것으로 소셜 네트워킹 기법을 이용하여 제품이나 지식의 생성과 서비스 과정에 대중을 참여시킴으로써 생산 단가를 낮추고, 부가 가치를 증대시키며 발생한 수익 일부를 다시 대중에게 보상하는 새로운 경영 혁신 방법이다. 이것이 **무엇**인지 검색하시오(정답, URL).

3 2021년에는 어린이 보호구역 지정대상 19,858개소에서 지정된 곳은 16,759개소로 지정 비율이 84.4%를 보였다. 통계청 e-나라지표에서 2021년도 초등학교의 어린이 보호구역 **지정현황**(단위: 개교)을 검색하시오(정답).

4 2021년 1월 통계청이 발표한 고용동향에 따르면 15-29세 청년층이 체감하는 확장실업률은 27.2%로 전년 동기대비 5.8% 올랐다. 통계청(국가통계포털) 경제활동인구 현황에서 2023년 1월 20~29세의 **취업자 수**(단위: 천명)를 검색하시오(정답).

---

1 정답 디지로그 북(Digilog Book)
URL https://terms.naver.com/entry.naver?docId=865785&cid=42346&categoryId=42346

2 정답 크라우드 소싱(Crowd Sourcing)
URL https://terms.naver.com/entry.naver?docId=865713&cid=42346&categoryId=42346

3 정답 6,261
접근순서 지표누리 → e-나라지표 → 부처별 지표보기 → 경찰청 → 어린이보호구역 지정현황

4 정답 3,726
접근순서 국가통계포털 → 국내통계 → 주제별통계 → 노동 → 경제활동인구조사 → 취업자 → 성/연령별 취업자

· CHAPTER ·

04

가로 · 세로 정보 검색

빈출 태그 우리말 · 사자성어 · 시사상식

01 검색, 정답 작성 방법

① 포털 사이트에서 제공하는 어학사전 또는 지식백과 등을 이용한다.

② 문제의 핵심 문구를 검색하여 결과를 확인한다.

③ 정답이 확인되면 답안지 파일에 작성한다.

02 가로 · 세로 정보 검색

사자성어와 우리말 단어, 시사상식 용어를 묻는 문제가 주로 출제되고 있다.

따라하기

※ 아래 각 문제의 설명을 읽고 가로 · 세로에 알맞은 단어를 답안에 기재하시오(정답).

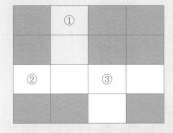

1 (세로) '가끔가끔 틈을 타서 살그머니'를 의미하는 **우리말**을 검색하시오.

2 (가로) '함께 늙어 같은 구멍에 들어간다'라는 뜻으로, 죽는 날까지 함께 한 부부를 가리키는 말의 **사자성어**를 검색하시오.

3 (세로) 대설(大雪)과 소한(小寒) 사이에 드는 이십사절기의 하나로 **이날** 각 가정에서는 팥죽을 쑤어 먹었다.

기적의 Tip

정보 검색에 유용한 사이트
- 네이버 지식백과(terms.naver.com)
- 네이버 사전(dict.naver.com)
- 다음 사전(dic.daum.net)
- 구글(www.google.com)
- 마이크로소프트 빙(www.bing.com)

(1) 1번 문제 풀이

① 네이버(naver.com)에서 (…)를 클릭하면 전체서비스를 볼 수 있다.

② [사전]을 클릭한다. 검색창에『사전』을 직접 입력하여 접속해도 된다.

③ 어학사전에서 『가끔가끔 틈을 타서 살그머니』를 입력하여 검색한다.

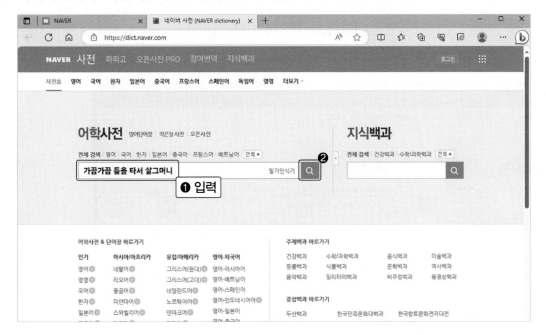

④ 검색 결과 페이지에서 정답 '꾀꾀로'를 확인한다.

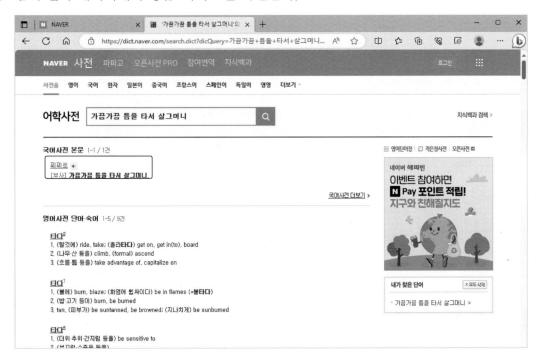

(2) 2번 문제 풀이

① 지식백과에서 『함께 늙어 같은 구멍에 들어간다』를 입력하여 검색한다.

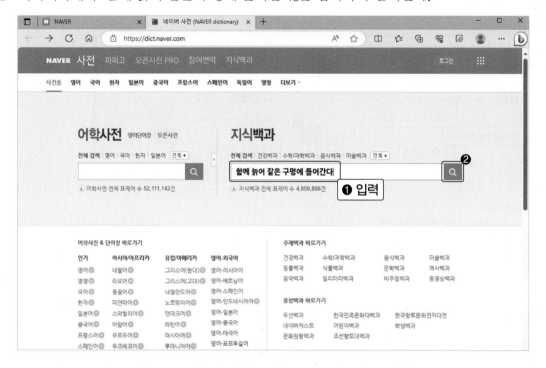

② 검색 결과 페이지에서 정답 '해로동혈'을 확인한다.

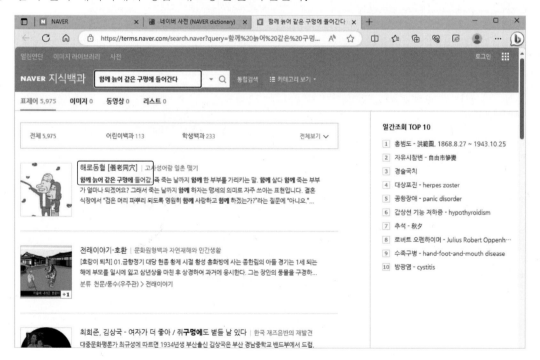

(3) 3번 문제 풀이

① 지식백과에서 『대설과 소한 사이 팥죽』을 입력하여 검색한다.

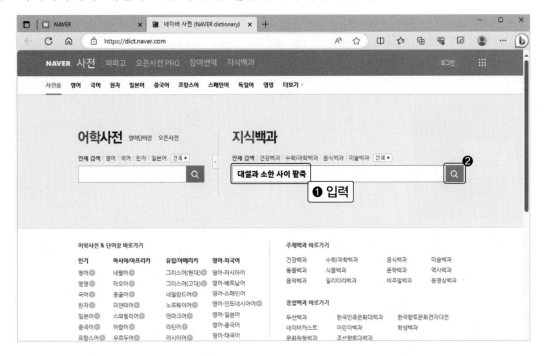

② 검색 결과 페이지에서 정답 '동지'를 확인한다.

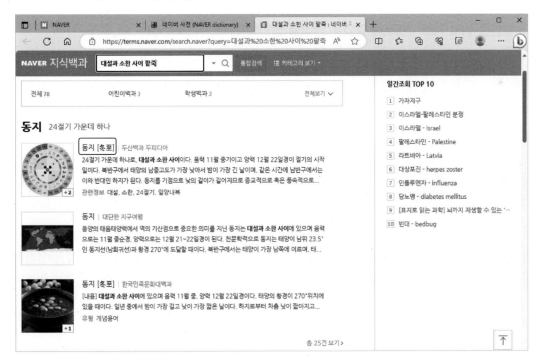

1 아래 각 문제의 설명을 읽고 가로 · 세로에 알맞은 단어를 답안에 기재하시오(정답).

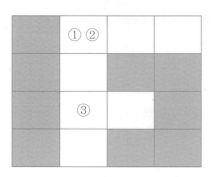

① (세로) '어느 것이 위고 아래인지 분간할 수 없다'는 뜻으로 더 낫고 더 못함의 차이가 거의 없음을 의미하는 **사자성어**를 검색하시오.

② (가로) 고구려에서 군사와 정치를 주관하던 으뜸가는 **벼슬**을 검색하시오.

③ (가로) 목조 기와집의 추녀 끝을 장식하는 무늬가 새겨진 기와로 각 시대와 지역에 따라 문양이 다양하고 제작수법이 다르기 때문에 당시의 문화를 이해하는 데 중요한 자료가 된다. 이 기와의 **이름**을 검색하시오.

2 아래 각 문제의 설명을 읽고 가로 · 세로에 알맞은 단어를 답안에 기재하시오(정답).

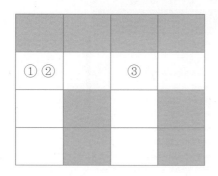

① (가로) 하나를 들으면 열을 미루어 안다는 뜻으로, 총명하고 영특하다는 말의 **사자성어**를 검색하시오.

② (세로) 출입문 밑의, 두 문설주 사이에 마루보다 조금 높게 가로로 댄 나무를 **무엇**이라 하는지 검색하시오.

③ (세로) 태양이 우주 혹은 태양계의 중심에 있고 나머지 행성들이 그 주위를 공전한다는 우주관을 **무엇**이라 하는지 검색하시오.

정답
1 ① 막상막하 ② 막리지 ③ 막새
2 ① 문일지십 ② 문지방 ③ 지동설

실용 검색

빈출 태그 지하철 노선도 · 길 찾기 서비스 · 요금 검색

01 검색, 정답 작성 방법

① 경로 검색 문제는 포털 사이트의 지도 서비스를 이용하여 해결한다.
② 화면의 캡처는 윈도우의 [캡처 및 스케치] 또는 Alt + Print Screen 을 사용한다.
③ 생활 관련 검색은 대부분 포털 사이트 또는 공공기관이나 언론사 홈페이지에서 해결할 수 있다.

02 가로 · 세로 정보 검색

도보 이동 경로, 지하철 노선 경로를 검색하는 문제가 주로 출제되고 있다.

> **따라하기** 지하철 노선 경로 찾기 서비스(포털 및 전문 검색사이트)를 이용하여 대구 **원대역**에서 **교대역**을 지하철(전철)
> 로 가는 경로(최소시간)를 찾아 전체화면(**길 찾기 검색화면, 경로 포함**)을 캡처하여 답안 파일에 붙여 넣으시오(이미지 크기
> 150mm×100mm).

① 네이버(naver.com)에서 [지도]를 클릭한다.

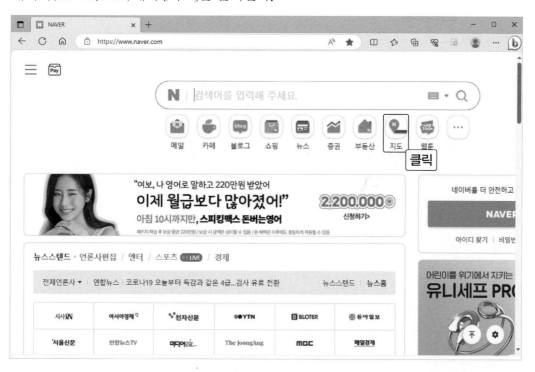

② 지도 페이지에서 [지하철] – [대구]를 클릭한다.

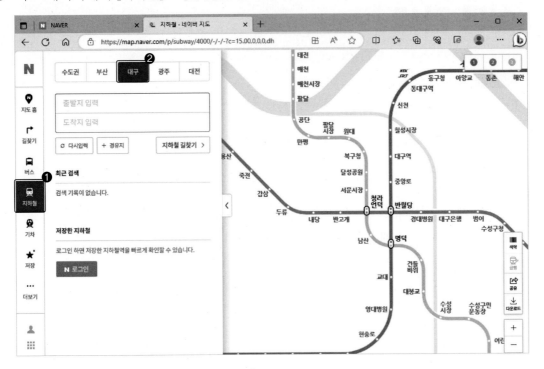

③ 출발지에『원대』, 도착지에『교대』를 입력한 후 [지하철 길찾기]를 클릭한다.

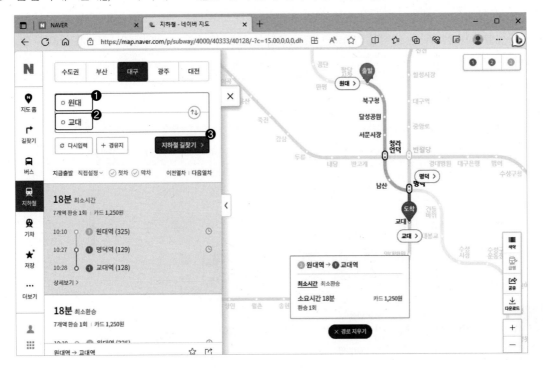

④ Alt + Print Screen 을 눌러 캡처한다. → 답안지 파일에 붙여넣기(Ctrl + V)한다. → 그림을 선택한 후 Shift 를 누른 채 조절점을 드래그하여 상단의 메뉴를 잘라낸다.

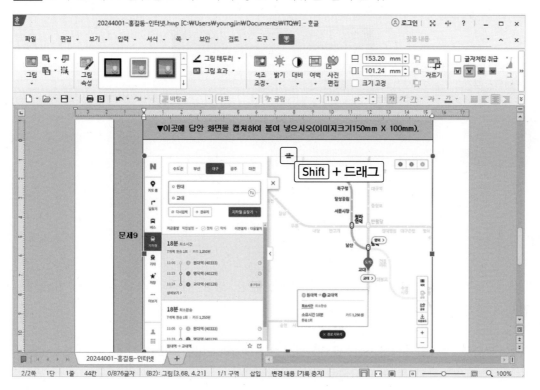

⑤ 붙여넣기한 이미지에 마우스 오른쪽 클릭한다. → [개체 속성]을 클릭한다. → 너비는 150mm, 높이는 100mm으로 변경하고 [크기 고정]을 체크한 후 [설정]을 클릭한다.

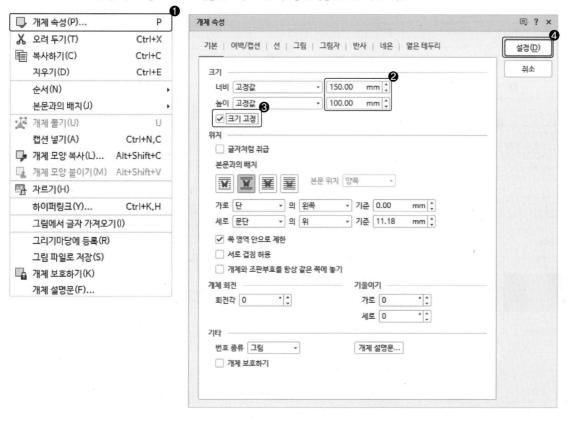

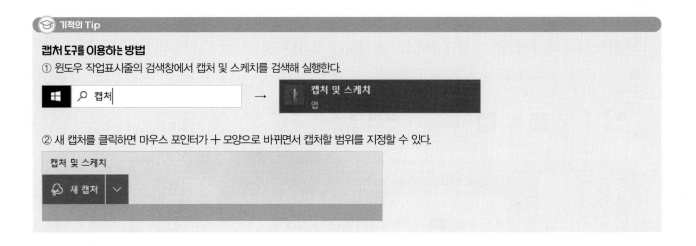

🎓 **기적의 Tip**

캡처 도구를 이용하는 방법

① 윈도우 작업표시줄의 검색창에서 캡처 및 스케치를 검색해 실행한다.

🪟 🔍 캡처   →   ✂️ **캡처 및 스케치**
앱

② 새 캡처를 클릭하면 마우스 포인터가 **+** 모양으로 바뀌면서 캡처할 범위를 지정할 수 있다.

캡처 및 스케치

🖐️ 새 캡처 | ∨

🔟 생활 검색

교통, 택배 등의 요금이나 전시회 등의 입장료, 도서, 영화, 인물, 공공 기관의 자료, 각종 순위 등 다양한 분야의 실용적 검색이 출제되고 있다.

따라하기   일반고객이 우체국을 방문하여 택배 서비스를 이용하려 한다. 8kg의 토마토 1박스(크기: 45×45×15cm)를 서울에서 제주로 익일배달로 보내려고 할 때, **등기소포 요금**을 검색하시오(정답).

① 네이버(naver.com)에서 『우체국』을 검색하여 [인터넷우체국]으로 접속한다.

② 인터넷우체국에서 [방문접수·창구소포] – [이용안내] – [요금안내]를 클릭한다.

③ 창구접수의 등기소포 100cm~120cm, 7kg~10kg의 제주 익일배달 요금 8,500원을 확인한다.

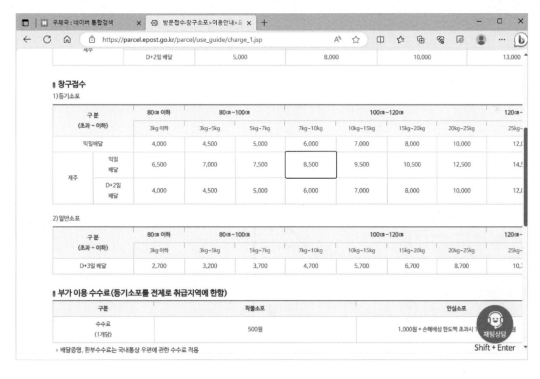

유형을 확인하는 기출문제

1 지하철 노선 경로 찾기 서비스(포털 및 전문 검색사이트)를 이용하여 수도권 **강남구청역**에서 **강동구청역**을 지하철(전철)로 가는 경로(최소시간)를 찾아 전체화면(**길 찾기 검색화면, 경로 포함**)을 캡처하여 답안 파일에 붙여 넣으시오(이미지 크기 150mm×100mm).

2 사상 최초로 태양 남극과 북극을 동시에 관측할 우주탐사선이 2020년 6월 처음으로 이 탐사선의 현재 궤도에서 가장 태양과 가까운 근일점에 도착했다. 이 우주탐사선의 **발사 날짜(연월일, 현지 발사시간 기준)**를 검색하시오(정답).

3 유네스코 세계자연유산은 인류 전체를 위해 보호되어야 할 문화와 자연이 특별히 뛰어난 지역으로 2007년에 제주화산섬과 용암동굴이 등재되었다. 제주도의 지역 중 한라산은 **천연기념물 몇 호**인지 검색하시오(정답).

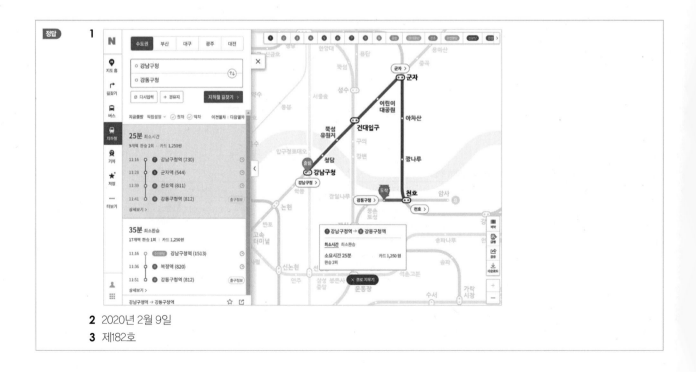

2 2020년 2월 9일
3 제182호

정보 가공

빈출 태그 연관 검색 · 이미지 복사

01 검색, 정답 작성 방법

① 문제와 관련된 웹 페이지를 검색해 접속한다.
② 관련 웹 페이지를 탐색하여 문제의 정답을 찾아 입력한다.
③ 이미지는 이미지 복사(또는 저장)하여 붙여넣기(또는 불러오기)한다.

02 정보 검색

전시, 명소, 대회, 문화재 등과 연관된 검색 문제가 주로 출제되고 있다.

따라하기 가족친화 우수기업은 가족친화 인증마크를 상품광고 및 홍보에 사용해 기업이미지 제고에 활용할 수 있다. 가족
친화 인증제도에 대한 정보를 검색하여 다음의 안내문 내용을 완성하시오.

가족친화지원사업	
1. 가족친화기업 인증 CI **이미지**	2. 가족친화 인증제도의 도입 **법적근거 조항** 3. 가족친화 인증제도의 **인증 주체** 4. 가족친화경영 역량강화를 위해 실시하는 무료 직 장교육의 **신청 대상**

① 네이버(naver.com)에 『가족친화지원사업』을 검색하여 접속한다.

② 가족친화지원사업 홈페이지에서 [가족친화인증] – [인증제도안내]를 클릭한다.

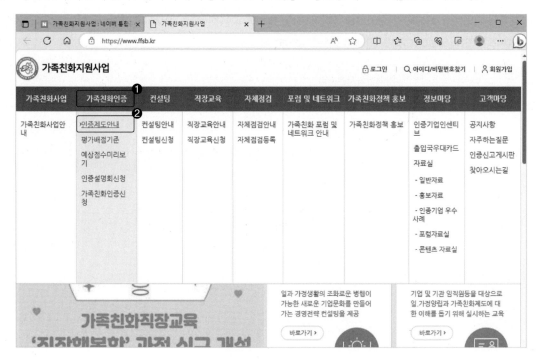

③ 페이지 아래에서 CI 이미지를 찾는다. → 그림에 마우스 오른쪽 클릭하여 [이미지 복사]를 클릭한다.
→ 답안지 파일에 붙여넣기([Ctrl]+[V])한다. 이때 데이터 형식 선택은 '원본 형식 유지'를 선택한다.

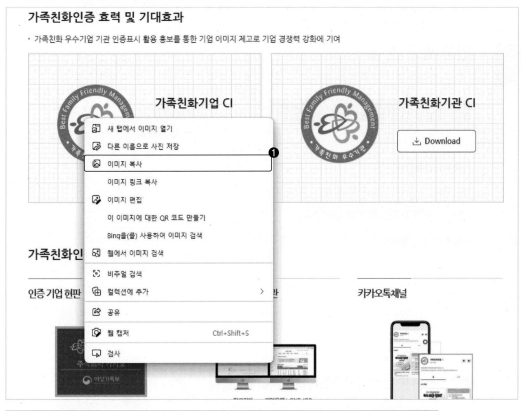

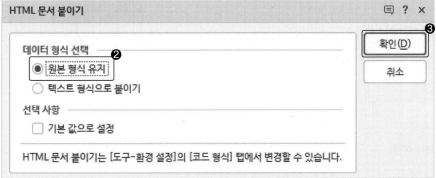

④ 페이지 위쪽에서 문제 2번 가족친화인증의 법적근거를 확인한다.

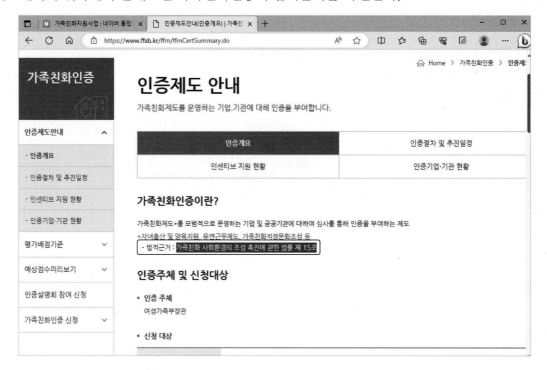

⑤ 문제 3번 인증 주체를 확인한다.

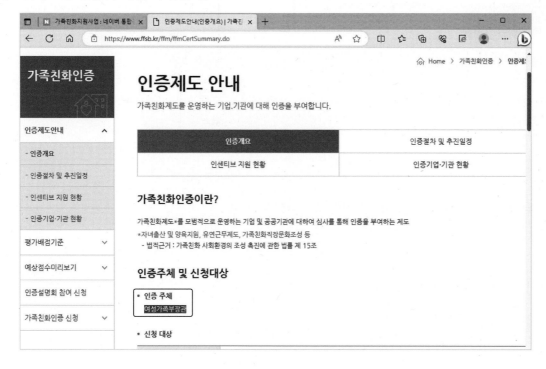

⑥ 문제 4번의 정답을 찾기 위해 [직장교육] - [직장교육안내]를 클릭한다.

⑦ 직장교육의 신청 대상을 확인한다.

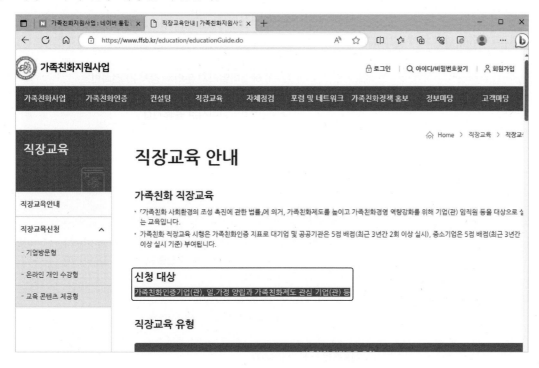

1 희망사다리 장학금은 대학생들의 등록금 부담을 완화하고 발전성 있는 일자리 취업으로 나아가는 희망사다리 역할을 수행하여 맞춤형 인력 양성 및 일자리 미스매치 완화, 중소기업 취업 활성화를 도모하기 위한 국가장학금 제도이다. 희망사다리 장학금에 대한 정보를 검색하여 다음의 안내문 내용을 완성하시오.

희망사다리 장학금	
(1-1) 한국장학재단 슬로건 **이미지**	(1-2) 희망사다리 I 유형 제도의 **장학생 신청자격(성적)**
	(1-3) 국가근로장학금 **지원금액(교내근로, 시급단가)**
	(1-4) 한국장학재단 본사 **주소**

2 서울특별시의 에코마일리지 제도는 자발적으로 에너지를 절약한 만큼 마일리지 형태로 쌓아 인센티브를 지급하는 시민참여 프로그램이다. 서울특별시의 에코마일리지 제도에 대한 정보를 검색하여 다음의 안내문 내용을 완성하시오.

서울특별시 에코마일리지	
(2-1) 에코마일리지 로고 **이미지**	(2-2) 에코마일리지 개인회원 **참여대상**
	(2-3) 에코마일리지 문의처(강서구) **전화번호**
	(2-4) 에코마일리지의 **유효기간**

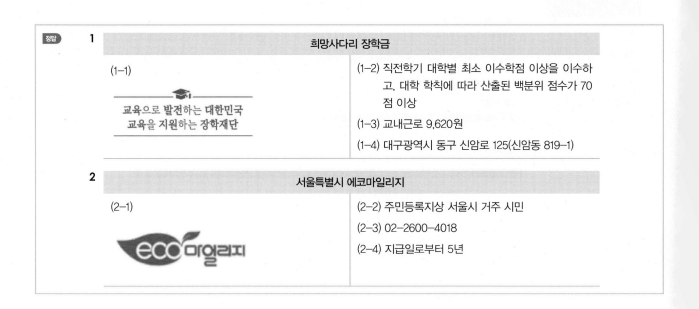

정답 **1**	희망사다리 장학금	
(1-1) 교육으로 발전하는 대한민국 교육을 지원하는 장학재단	(1-2) 직전학기 대학별 최소 이수학점 이상을 이수하고, 대학 학칙에 따라 산출된 백분위 점수가 70점 이상 (1-3) 교내근로 9,620원 (1-4) 대구광역시 동구 신암로 125(신암동 819-1)	
2	서울특별시 에코마일리지	
(2-1) eco마일리지	(2-2) 주민등록지상 서울시 거주 시민 (2-3) 02-2600-4018 (2-4) 지급일로부터 5년	

PART 02

기출문제 따라하기

 차례

과목	코드	문제유형	시험시간	수험번호	성명
인터넷	1152	A	60분		

························ **수험자 유의사항** ························

- 수험자는 문제지를 받는 즉시 **응시하고자 하는 과목의 문제지가 맞는지 확인**하여야 합니다.

- 시험과 직접 관련이 없는 행위 즉, 각종 웹사이트 로그인, 댓글 달기, 게시, 자료 업로드 등의 행위 또는 답안 내역을 보조기억장치 및 기타 통신수단(게시판, 이메일, 메신저, 네트워크 등)을 이용하여 타인에게 전달 또는 외부로 반출하는 경우는 자격기본법 제32에 의거 부정행위로 간주되어 본 시험 및 국가공인 자격시험을 2년간 응시할 수 없습니다.

- 내 PC₩문서₩ITQ 폴더의 "답안파일-인터넷.hwp"파일을 열어 파일 이름을 "수험번호-성명-인터넷.hwp"로 답안폴더에 다시 저장한 후 답안 작성을 시작하여야 하며, 답안 문서 파일명이 일치하지 않을 경우 실격 처리됩니다(예 : 12345678-홍길동-인터넷. hwp).
  (시험시 제공되는 답안파일 양식을 사용하지 않을 경우에는 0점 처리됨)

- 답안 작성을 마치면 파일을 저장하고, '답안 전송' 버튼을 선택하여 감독위원 PC로 답안을 전송하십시오. 수험자 정보와 저장한 파일명이 다를 경우 전송되지 않으므로 주의하시기 바랍니다.

- 답안 작성 중에도 **주기적으로 저장하고 답안을 전송**하여야 문제 발생을 줄일 수 있습니다. 작업한 내용을 저장하지 않고 전송할 경우 이전에 저장된 내용이 전송되오니 이점 유의하시기 바랍니다.

- 시험 중 부주의 또는 고의로 시스템을 파손한 경우는 수험자가 변상해야 하며, 〈수험자 유의사항〉에 기재된 방법대로 이행하지 않아 생기는 불이익은 수험자 당사자의 책임임을 알려 드립니다.

- 시험을 완료한 수험자는 답안파일이 전송되었는지 확인한 후 감독위원의 지시에 따라 문제지를 제출하고 퇴실합니다.

························ **답안 작성요령** ························

- 온라인 답안 작성 절차
  수험자 등록 ⇒ 시험 시작 ⇒ 답안파일 저장 ⇒ 답안 전송 ⇒ 시험 종료

- 시험 시작 전 시험과 무관한 프로그램의 실행을 중지시켜 주시기 바랍니다(채팅, 파일공유 등).

- 문제에 (정답)이라고 표시되어 있으면 정답만을 작성란에 기재하고, (정답, URL)이라고 표시되어 있으면 정답과 함께 URL을 반드시 기재하시기 바랍니다. 이를 준수하지 않을 경우 감점, 오답 처리 등 불이익이 있을 수 있습니다.

- 문제 번호에 따라 정답을 아래와 같이 답안파일에 정확히 기록하십시오.

문제번호		답안
문제6	정답	대한민국

- 4번 문제는 번호에 따라 정답과 URL을 아래와 같이 답안파일에 정확히 기록하십시오(URL은 정답을 확인할 수 있는 최종 URL을 기재하십시오).

문제4	정답	ITQ 정보기술자격
	URL	https://www.kpc.or.kr/certification/index.asp

- 4번 문제의 경우 개인 홈페이지나 블로그, 지식 검색(예 : 지식iN, 위키피디아 등)과 같이 개인 사견이 들어 있는 사이트, 첨부파일은 정답으로 인정하지 않습니다.

- 9번의 이미지 파일은 인터넷 답안지에 삽입한 후 반드시 지정된 이미지 크기로 변경하시기 바랍니다.

- 문제에서 제시한 단위, Full name 등의 조건에 맞도록 답안을 작성하시기 바랍니다.

인터넷 윤리

※ 문제에 대한 적절한 내용의 번호를 골라 답안지에 기재하시오.

문제 1 컴퓨터 바이러스 감염을 예방하기 위한 방법으로 옳은 것은?

① 프리웨어는 절대로 사용하지 않는다.
② 중요한 파일은 복사본을 만들어둔다.
③ 모든 소프트웨어는 최신 버전으로 구매한다.
④ 발신인을 알 수 없는 메일은 열어보고 삭제한다.

문제 2 다음 중 모바일 뱅킹(인터넷 뱅킹)의 특징으로 옳지 <u>않은</u> 것은?

① 개인정보유출을 방지할 수 있으며, 가장 안전한 금융거래를 할 수 있다.
② 은행은 거래비용을 줄이고 개별고객에 대한 맞춤 서비스를 강화할 수 있다.
③ 고객은 거래시간과 수수료를 절약할 수 있다.
④ 시간과 공간의 제약 없이 금융거래를 할 수 있다.

인터넷 검색

370점

일반검색 I (각 10점)

문제 3 다음 제목의 책의 13자리 ISBN을 〈보기〉에서 찾아 해당 번호를 답안지에 적으시오(번호).

문제 3-1) 수축사회 ·· (   )

문제 3-2) 미루기의 천재들 ··· (   )

문제 3-3) 공부머리 독서법 ··· (   )

〈보기〉
① 9791195984985   ② 9791196316808   ③ 9791157061402
④ 9791196587321   ⑤ 9791130620459

문제 4 무선 통신의 용량을 높이기 위한 스마트 안테나 기술로 기지국과 휴대 단말기의 안테나를 2개 이상으로 늘려 데이터를 여러 경로로 전송하는 다중의 입출력이 가능한 안테나 시스템이다. 이것을 **무엇(영문)**이라 하는지 검색하시오(정답, URL).

문제 5 통계청은 연간 고용 동향을 발표하고 있다. 이 자료를 보면 2022년 12월 전국의 '15-64세 고용률(%)'은 68.5%로 나타났다. 통계청 국가통계포털 경제활동인구에서 2023년 1월 제주도의 15-64세 **고용률**(단위: %)을 검색하시오(정답).

※ 아래 각 문제의 설명을 읽고 가로 · 세로에 알맞은 단어를 답안에 기재하시오(정답).

⑥			
			⑦
⑧			

문제 6 (세로) 통일 신라 시대에, 서라벌 사람들이 철 따라 찾아가 놀던 집을 **무엇**이라 했는지 검색하시오.

문제 7 (세로) '털이 많이 나서 험상궂게 보이는 수염'을 이르는 **우리말**을 검색하시오.

문제 8 (가로) 혜택이 영원히 미침을 이르는 **사자성어**를 검색하시오.

문제 9 길 찾기 서비스(포털 및 전문 검색사이트)를 이용하여 서울 **종로3가역 11번 출구** 앞에서 **서울대학교병원 정문**을 **도보**로 가는 지도 경로를 찾아 전체화면(길 찾기 검색화면, 경로 포함)을 캡처하여 답안 파일에 붙여 넣으시오(이미지 크기 150mm x 100mm).

문제 10 서울특별시 미래유산은 문화재로 등록되지 않은 서울의 근현대 문화유산 중에서 미래세대에게 전달할 만한 가치가 있는 유 · 무형의 모든 것으로, 미래세대에게 전할 100년 후의 보물이다. 2015년에 선정된 서울시 서초구의 **미래유산(이름)**을 검색하시오(정답).

문제 11 상표란 자기의 상품과 타인의 상품을 식별하기 위하여 사용하는 표장(標章)을 말한다. 국내 특허 검색에서 국내 상표 출원번호가 4020210062525인 상표의 **출원인**을 검색하시오(정답).

정보 가공   **70**점

※ 제시된 주제에 따라 답안을 완성하시오.

문제 12 신라 천년의 수도이며 유네스코가 지정한 세계문화유산인 경주역사유적지구에 위치한 국립경주박물관은 신라의 문화유산을 한 눈에 살필 수 있는 한국의 대표적인 박물관이다. 국립경주박물관에 대한 정보를 검색하여 다음의 안내문 내용을 완성하시오.

신라 천년 역사문화와의 만남, 국립경주박물관	
(12-1) 특별전 '낭산, 도리천 가는 길' 포스터 **이미지**	(12-2) 국립경주박물관 **주소**(도로명 주소) (12-3) 신라역사관의 **정기휴관일** (12-4) 학생봉사활동의 **활동 분야**

① 답안 작성 요령

① 시험장 컴퓨터의 '내 PC₩문서₩ITQ' 폴더에서 '답안파일−인터넷.hwp' 파일을 더블클릭하여 연다.

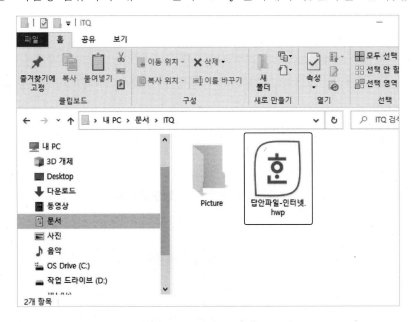

② 답안지 파일에 '수험번호'와 '성명'을 입력한다. → [파일]−[다른 이름으로 저장하기]를 선택한다.

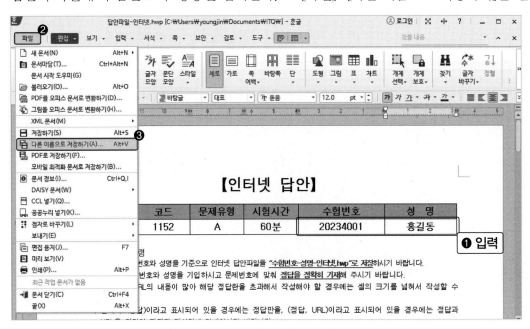

③ 파일 이름을 '수험번호-성명-인터넷'으로 입력한 후 [저장]을 클릭한다.

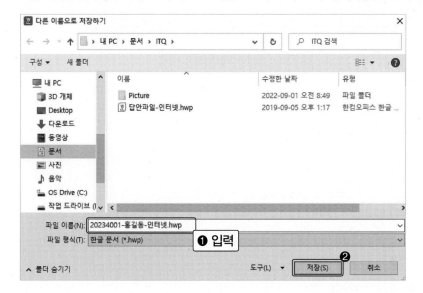

02 인터넷 윤리

실생활과 관련된 인터넷 윤리에 대한 문제가 4지선다형으로 두 문제 출제된다.

(1) 문제 1번 풀이

① 컴퓨터 바이러스란 컴퓨터 프로그램의 일종으로 사용자 몰래 스스로 복제하여 다른 프로그램을 감염시키고, 결과적으로 정상적인 프로그램이나 다른 데이터 파일 등을 파괴하는 악성 프로그램을 뜻한다.

[보기 1] 프리웨어는 절대로 사용하지 않는다.
→ 프리웨어는 기간이나 기능 등에 제한 없이 개인사용자에게 무료로 허가되어 있는 공개프로그램으로, 사용해도 된다.

[보기 2] 중요한 파일은 복사본을 만들어둔다. 〈정답〉
→ 사용자의 실수나 컴퓨터의 오류, 바이러스, 정전 등으로 파일이 손상되거나 잃어버릴 경우를 대비하여 원본을 미리 복사해 두는 것이 좋다. 이것을 백업(backup)이라고 한다.

[보기 3] 모든 소프트웨어는 최신 버전으로 구매한다.
→ 상황(운영체제의 차이, 사용자 환경, 기타 필요성)에 따라 적합한 버전으로 구매한다.

[보기 4] 발신인을 알 수 없는 메일은 열어보고 삭제한다.
→ 발신인을 알 수 없는 메일은 스팸메일을 확률이 높으므로 열어보지 않는다.

② 답안지 파일에 정답 『2』를 입력한다.

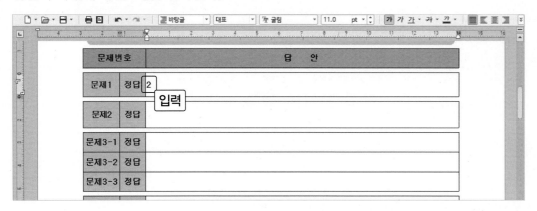

(2) 문제 2번 풀이

① 모바일 뱅킹이란 인터넷이 가능한 휴대폰 등을 통해 언제 어디서나 은행의 계좌이체, 예금·거래내역 조회, 금융상품 가입, 신용카드 거래 등 다양한 금융 서비스를 이용할 수 있는 것을 말한다.

[보기 1] 개인정보유출을 방지할 수 있으며, 가장 안전한 금융거래를 할 수 있다. 〈정답〉

→ 모바일 환경은 사용자의 부주의 또는 악성코드 등으로 개인정보유출의 위험에 노출될 수 있다.

[보기 2] 은행은 거래비용을 줄이고 개별고객에 대한 맞춤 서비스를 강화할 수 있다.

→ 개별고객의 정보를 바탕으로 금융상품 추천이 이루어지고 양질의 서비스를 제공받을 수 있다.

[보기 3] 고객은 거래시간과 수수료를 절약할 수 있다.

→ 창구에 방문하지 않고 바로 처리할 수 있어 시간, 수수료 등이 절감된다.

[보기 4] 시간과 공간의 제약 없이 금융거래를 할 수 있다.

→ 장소의 제약 없이 이동중에도 이용할 수 있어 편리하다.

② 답안지 파일에 정답 『1』을 입력한다.

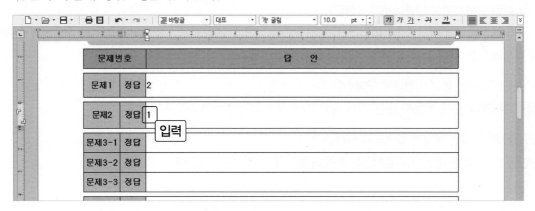

❸ 일반 검색 Ⅰ

(1) 문제 3번 풀이

3개 문제로 구성되며 제시된 보기에서 관련 있는 자료를 찾도록 출제된다.

① 네이버(naver.com)에서 『수축사회』를 검색한다.

② 검색 결과에서 책 제목 '수축사회'를 클릭한다.

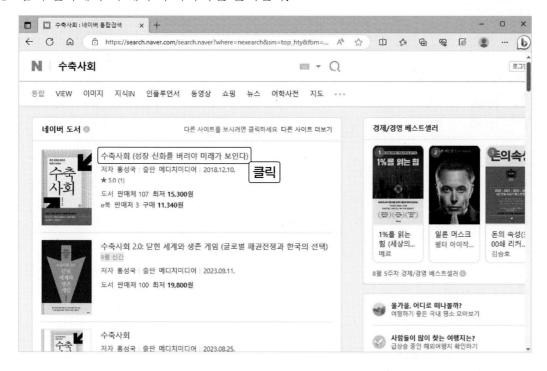

③ ISBN이 '9791157061402'임을 확인한다.

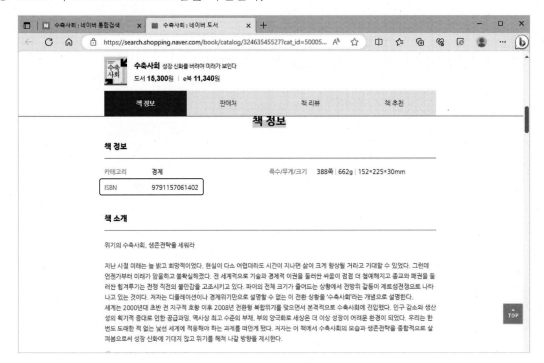

④ 답안지 파일에 정답『3』을 입력한다.

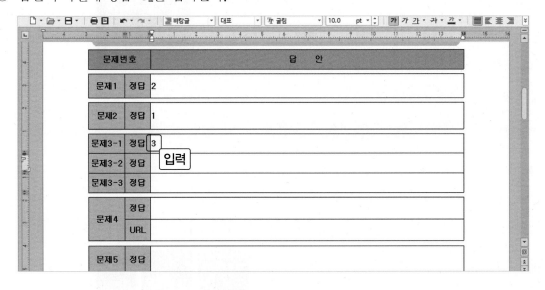

⑤ 같은 방법으로 『미루기의 천재들』을 검색하여 책 제목을 클릭한다.

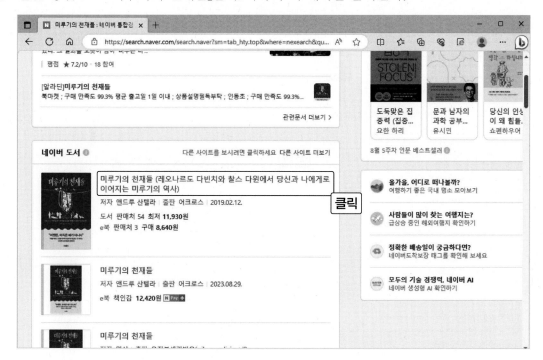

⑥ ISBN이 '9791196587321'임을 확인한다. → 답안지 파일에 정답 『4』를 입력한다.

⑦ 다시 같은 방법으로『공부머리 독서법』을 검색하여 책 제목을 클릭한다.

⑧ ISBN이 '9791196316808'임을 확인한다. → 답안지 파일에 정답『2』를 입력한다.

04 일반 검색 II

(1) 문제 4번 풀이

IT 및 경제, 금융, 부동산 등 다양한 시사 상식에 관련되는 용어가 출제된다. 정답과 함께 검색한 URL을 입력하는 형태의 문제이다.

① 네이버 검색 창에 『다중의 입출력이 가능한 안테나 시스템』을 입력하여 검색한다.

② 검색결과의 '다중입출력'을 클릭한다.

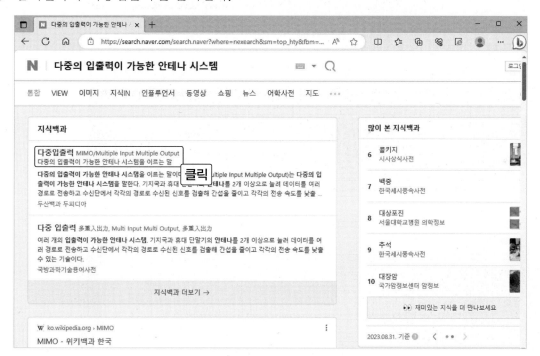

③ 내용을 보고 정답인지 확인한다.

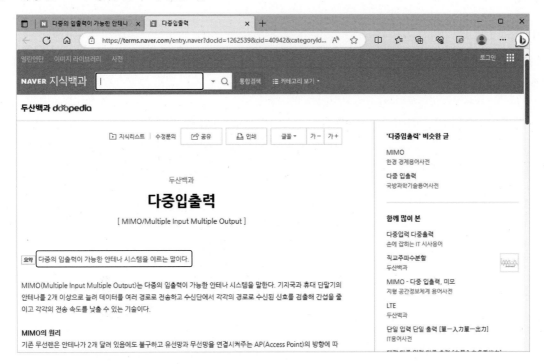

④ 답안지 파일의 정답 입력란에 영문으로 입력한다.

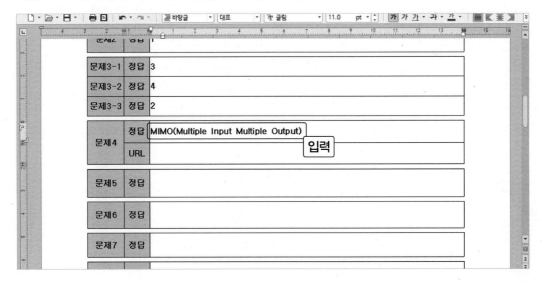

⑤ 웹 페이지의 주소창을 클릭하여 전체주소를 선택한다. → Ctrl + C 를 눌러 복사한다.

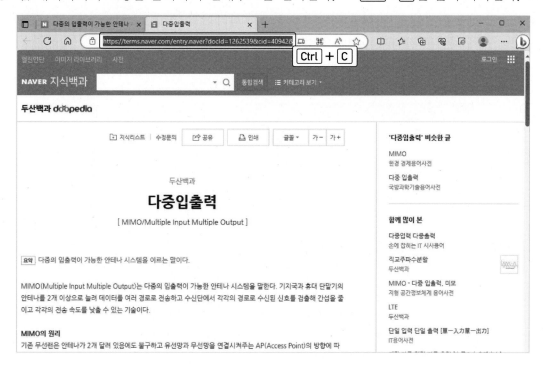

⑥ 답안지 파일의 URL 입력란에 Ctrl + V 를 눌러 붙여넣기한다. → [HTML 문서 붙이기] 대화상자가 나타나면 '텍스트 형식으로 붙이기'를 선택하고 [확인]을 클릭한다.

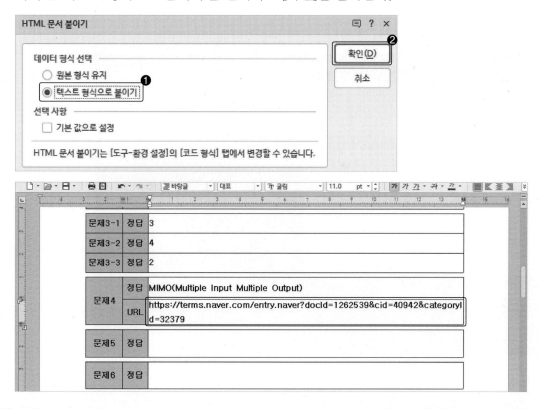

🎓 기적의 Tip

URL은 지식iN, 블로그, 개인 홈페이지, 위키피디아 등은 오답으로 처리되므로 반드시 지식백과, 언론사, 공기관 홈페이지 등의 URL을 기입해야 한다.

(2) 문제 5번 풀이

각종 통계, 수치 자료에 대한 검색을 통해 답을 찾아내는 문제가 출제된다. 통계청, 기상청 등 제시된 사이트에서 요구한 조건에 맞게 자료를 검색하여 정답을 작성한다.

① 네이버에서 『국가통계포털』을 검색하여 접속한다.

② 국가통계포털의 검색창에 『경제활동인구』를 입력하여 클릭한다.

③ 검색결과에서 '행정구역(시도)별 경제활동인구'를 클릭한다.

④ 통계표에서 '제주도'의 '15-64세 고용률(%)'을 확인한다.

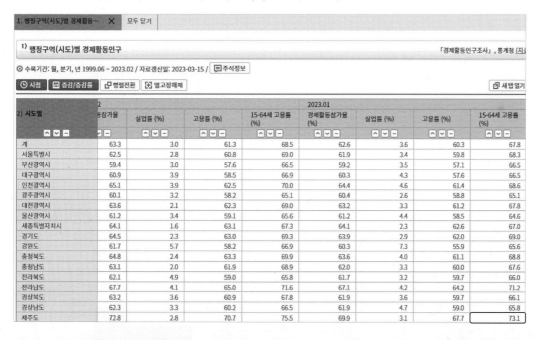

🎓 기적의 Tip

통계표의 ⚙ 조회설정 에서 원하는 항목만 체크하여 나타나게 할 수도 있다.

⑤ 답안지 파일에 정답 『73.1%』를 입력한다.

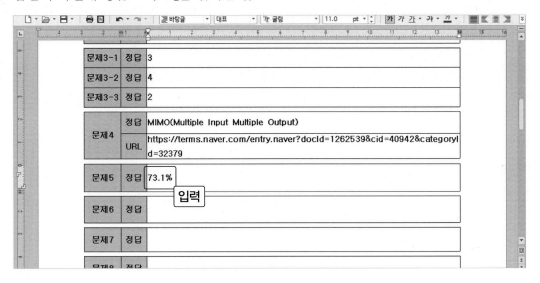

문제3-1	정답	3
문제3-2	정답	4
문제3-3	정답	2
문제4	정답	MIMO(Multiple Input Multiple Output)
	URL	https://terms.naver.com/entry.naver?docId=1262539&cid=40942&categoryId=32379
문제5	정답	73.1%
문제6	정답	
문제7	정답	

입력

⑤ 가로 · 세로 정보 검색

일반 시사상식, 사자성어와 우리말 등을 퍼즐 형식으로 푸는 문제가 출제된다.

(1) 문제 6번 풀이

① 네이버에 접속하여 [사전]을 클릭한다.

② 어학사전에 『철 따라 찾아가 놀던 집』을 입력하여 검색한다.

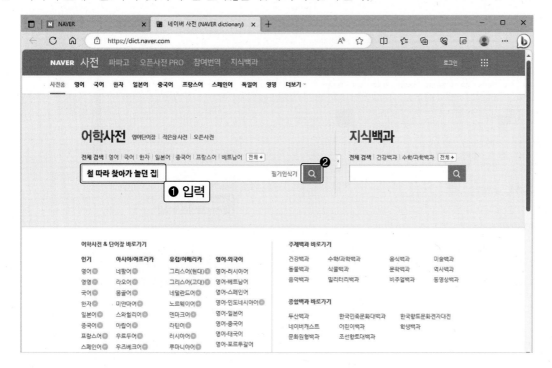

③ 검색결과에서 첫 번째 '사절유택'을 클릭한다.

④ 내용을 보고 정답인지 확인한다.

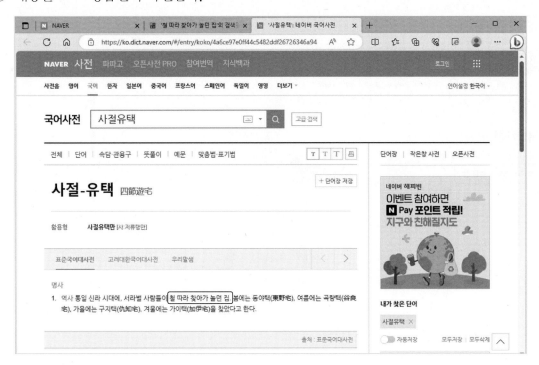

⑤ 답안지 파일에 정답『사절유택』을 입력한다.

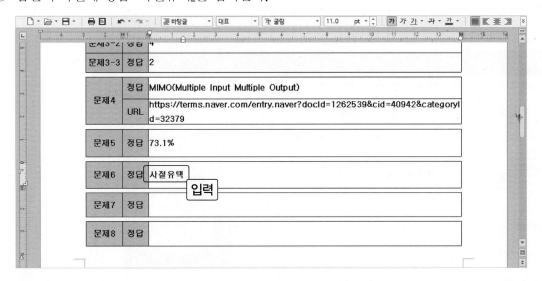

(2) 문제 7번 풀이

① 네이버 어학사전에서 『털이 많이 나서 험상궂게 보이는 수염』을 입력하고 검색한다.

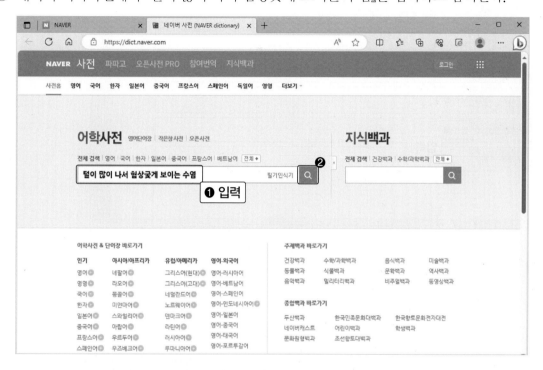

② 검색 결과에서 정답 '털수세'를 확인한다.

③ 답안지 파일에 정답 『털수세』를 입력한다.

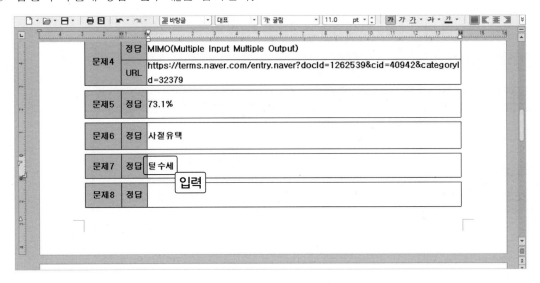

(3) 문제 8번 풀이

① 네이버 한자사전에서 『혜택이 영원히 미침』을 입력하고 검색을 클릭한다.

② 검색 결과에서 정답이 '택급만세'임을 확인한다.

③ 답안지 파일에 정답『택급만세』를 입력한다.

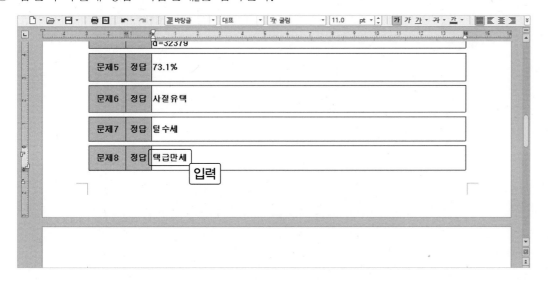

06 실용 검색

실생활과 밀접한 연관이 있는 정보를 검색하는 문제들이 출제된다. [문제 9]는 길 찾기 등의 문제가 출제되며 결과 화면을 캡처하여 답안 파일에 붙여넣어야 한다.

(1) 문제 9번 풀이

① 네이버에 접속하여 지도를 클릭한다.

② 네이버 지도의 메뉴 중 [길찾기]-[도보]를 클릭한다.

③ 출발지에 『종로3가역11번출구』를 입력하여 선택한다. → 도착지에 『서울대학교병원정문』을 입력하여
선택한다. → [길찾기]를 클릭한다.

④ 경로가 표시되는 화면을 Alt + Print Screen 으로 캡처한다. → 답안지 파일에 붙여넣기(Ctrl + V)한다.

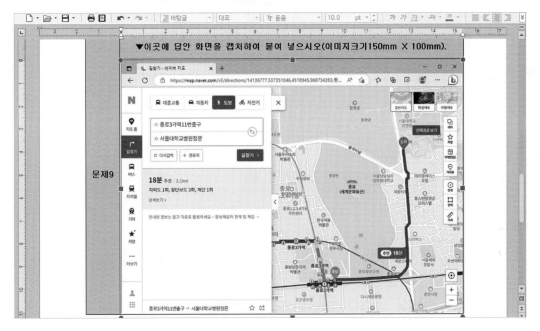

⑤ 그림을 선택한 후 [Shift]를 누른 채 상단의 조절점을 드래그하여 주소 표시줄을 없앤다.

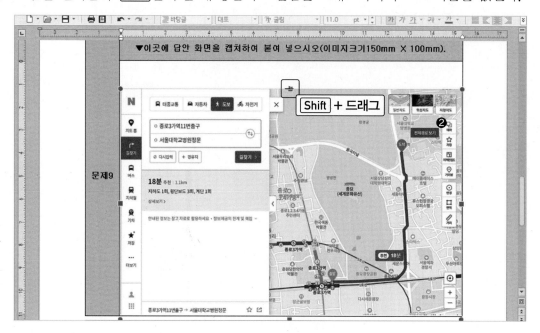

⑥ 이미지에 더블 클릭하거나 마우스 오른쪽 클릭하여 [개체 속성]을 클릭한다. → 너비 150mm, 높이는 100mm으로 변경하고 [크기 고정]을 체크한 후 [설정]을 클릭한다.

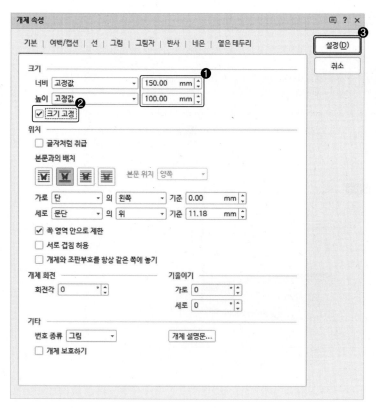

(2) 문제 10번 풀이

① 네이버에서 『서울특별시 미래유산』을 검색하여 접속한다.

② [미래유산이란?] – [미래유산 찾아보기]를 클릭한다.

③ 구 선택에서 '서초구', 선정연도에서 '2015년'을 선택하여 [검색]을 클릭한다..

④ 검색 결과에서 '국립국악원'을 확인하고 답안지 파일에 입력한다.

(3) 문제 11번 풀이

① 네이버에서 『특허 검색』을 검색하여 '특허정보검색서비스'에 접속한다.

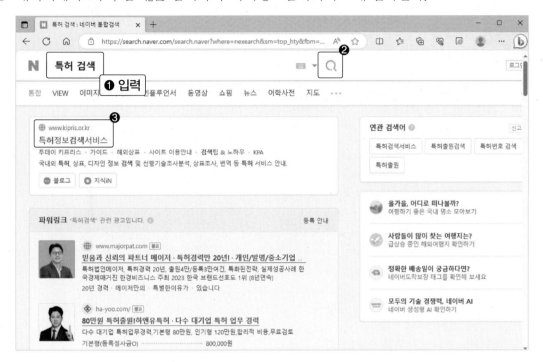

② 검색창에 『4020210062525』를 입력하여 검색한다.

③ 검색 결과를 통해 출원번호 4020210062525인 상표의 출원인이 '한국관광공사'임을 확인한다.

④ 답안지 파일에 정답『한국관광공사』를 입력한다.

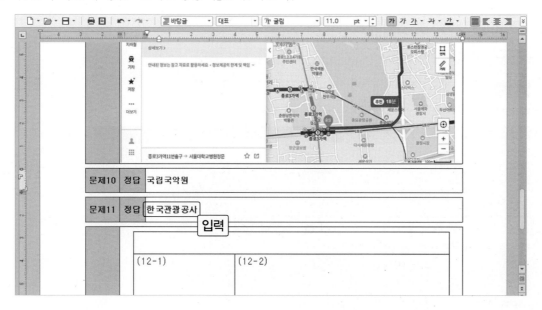

🔟 정보 가공

제시된 주제에 따라 정보를 가공하는 문제로 이미지를 포함하여 제시된 문제에 따른 답안을 검색하여 기입한다.

(1) 문제 12-1번 풀이

① 네이버에서 『국립경주박물관』을 입력하여 검색한다.

② 국립경주박물관의 홈페이지 링크를 클릭하여 접속한다.

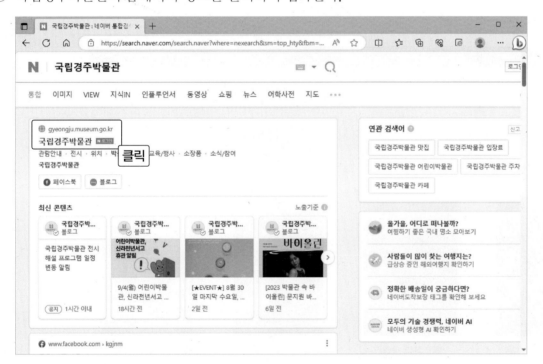

③ 국립경주박물관 홈페이지에서 [전시] – [특별전시]를 클릭한다.

④ [지난전시]를 클릭한다. 테마전 '낭산, 도리천 가는 길'을 찾아 클릭한다.

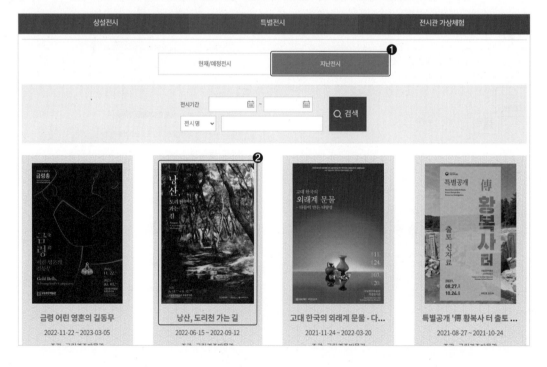

⑤ 해당 포스터에서 마우스 오른쪽 클릭 후 [이미지 복사]를 클릭한다.

⑥ 답안지 파일에 Ctrl + V 로 붙여넣기한다. → [HTML 문서 붙이기] 대화상자가 나타나면 '원본 형식 유지'를 선택하고 [확인]을 클릭한다.

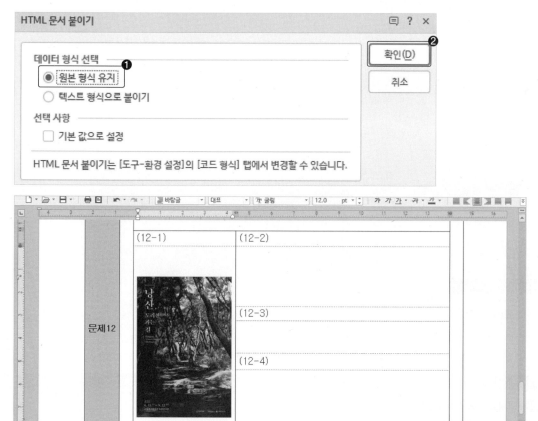

🎓 기적의 Tip

문제 12번에서 이미지 크기는 채점 대상이 아니므로 적당히 조절한다.

(2) 문제 12-2번 풀이

① [관람정보] – [찾아오시는길]을 클릭한다.

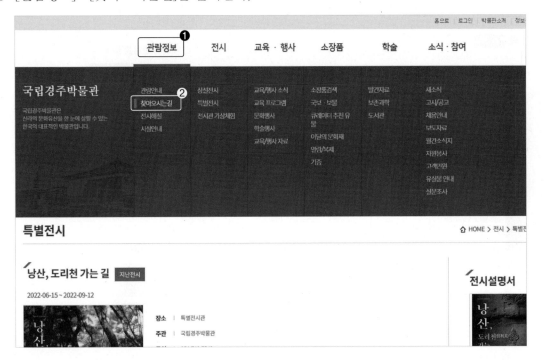

② 주소를 드래그하여 선택하고 Ctrl + C 를 눌러 복사한다.

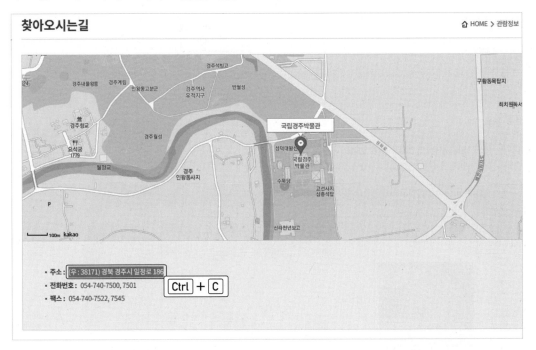

🎓 기적의 Tip

복사하지 않고 직접 답안지 파일에 작성해도 되므로 각자 편한 방법을 사용한다.

③ 답안지 파일에 Ctrl + V 를 눌러 붙여넣기한다. → [HTML 문서 붙이기] 대화상자가 나타나면 '텍스트 형식으로 붙이기'를 선택하고 [확인]을 클릭한다.

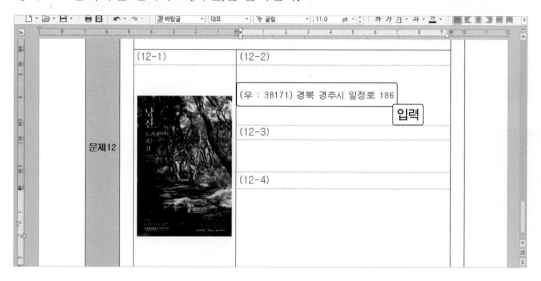

(3) 문제 12-3번 풀이

① [관람정보] - [시설안내]를 클릭한다.

② 신라역사관의 [자세히보기]를 클릭한다.

③ 정기휴관일을 확인하고 답안지 파일에 작성한다.

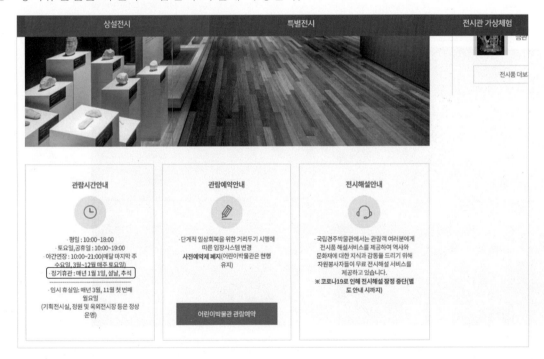

(4) 문제 12-4번 풀이

① [소식 · 참여] - [자원봉사]를 클릭한다.

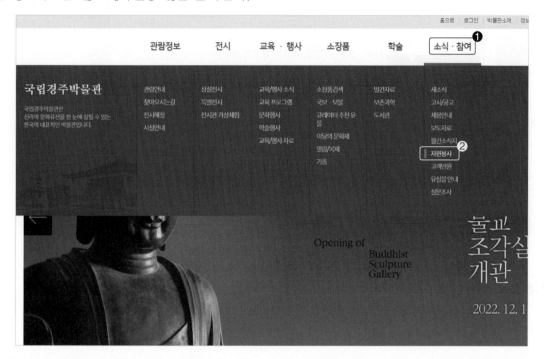

② [학생봉사활동 안내]를 클릭한다. → 활동 분야를 드래그하여 선택하고 Ctrl + C 를 눌러 복사한다.

③ 답안지 파일에 [Ctrl]+[V]를 눌러 붙여넣기한다.

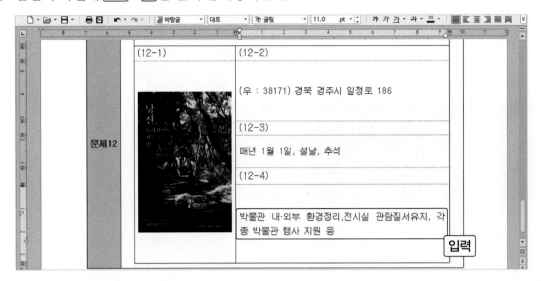

08 답안 전송하기

감독위원의 안내에 따라 감독위원 PC로 답안지 파일을 전송한다.

PART 03

모의고사

 차례

모의고사 1회

정답 파일 Part 3 모의고사₩모의고사 1회 답안.hwp

과목	코드	문제유형	시험시간	수험번호	성명
인터넷	1152	B	60분	20244001	홍길동

수험자 유의사항

- 수험자는 문제지를 받는 즉시 **응시하고자 하는 과목의 문제지가 맞는지 확인**하여야 합니다.

- 시험과 직접 관련이 없는 행위 즉, 각종 웹사이트 로그인, 댓글 달기, 게시, 자료 업로드 등의 행위 또는 답안 내역을 보조기억장치 및 기타 통신수단(게시판, 이메일, 메신저, 네트워크 등)을 이용하여 타인에게 전달 또는 외부로 반출하는 경우는 자격기본법 제32 에 의거 부정행위로 간주되어 본 시험 및 국가공인 자격시험을 2년간 응시할 수 없습니다.

- 내 PC₩문서₩ITQ 폴더의 "답안파일-인터넷.hwp" 파일을 열어 파일 이름을 "수험번호-성명-인터넷.hwp"로 답안폴더에 다시 저장한 후 답안 작성을 시작하여야 하며, 답안 문서 파일명이 일치하지 않을 경우 실격 처리됩니다(예 : 12345678-홍길동-인터넷. hwp).
  (시험시 제공되는 답안파일 양식을 사용하지 않을 경우에는 0점 처리됨)

- 답안 작성을 마치면 파일을 저장하고, '답안 전송' 버튼을 선택하여 감독위원 PC로 답안을 전송하십시오. 수험자 정보와 저장한 파일명이 다를 경우 전송되지 않으므로 주의하시기 바랍니다.

- 답안 작성 중에도 **주기적으로 저장하고 답안을 전송**하여야 문제 발생을 줄일 수 있습니다. 작업한 내용을 저장하지 않고 전송할 경우 이전에 저장된 내용이 전송되오니 이점 유의하시기 바랍니다.

- 시험 중 부주의 또는 고의로 시스템을 파손한 경우는 수험자가 변상해야 하며, 〈수험자 유의사항〉에 기재된 방법대로 이행하지 않아 생기는 불이익은 수험자 당사자의 책임임을 알려 드립니다.

- 시험을 완료한 수험자는 답안파일이 전송되었는지 확인한 후 감독위원의 지시에 따라 문제지를 제출하고 퇴실합니다.

답안 작성요령

- 온라인 답안 작성 절차
  수험자 등록 ⇒ 시험 시작 ⇒ 답안파일 저장 ⇒ 답안 전송 ⇒ 시험 종료

- 시험 시작 전 시험과 무관한 프로그램의 실행을 중지시켜 주시기 바랍니다(채팅, 파일공유 등).

- 문제에 (정답)이라고 표시되어 있으면 정답만을 작성란에 기재하고, (정답, URL)이라고 표시되어 있으면 정답과 함께 URL을 반드시 기재하시기 바랍니다. 이를 준수하지 않을 경우 감점, 오답 처리 등 불이익이 있을 수 있습니다.

- 문제 번호에 따라 정답을 아래와 같이 답안파일에 정확히 기록하십시오.

문제번호		답안
문제6	정답	대한민국

- 4번 문제는 번호에 따라 정답과 URL을 아래와 같이 답안파일에 정확히 기록하십시오(URL은 정답을 확인할 수 있는 최종 URL을 기재하십시오).

	정답	ITQ 정보기술자격
문제4	URL	https://www.kpc.or.kr/certification/index.asp

- 4번 문제의 경우 개인 홈페이지나 블로그, 지식 검색(예 : 지식iN, 위키피디아 등)과 같이 개인 사견이 들어 있는 사이트, 첨부파일은 정답으로 인정하지 않습니다.

- 9번의 이미지 파일은 인터넷 답안지에 삽입한 후 반드시 지정된 이미지 크기로 변경하시기 바랍니다.

- 문제에서 제시한 단위, Full name 등의 조건에 맞도록 답안을 작성하시기 바랍니다.

인터넷 윤리

60점. 각 **30**점

※ 문제에 대한 적절한 내용의 번호를 골라 답안지에 기재하시오.

문제 1 스미싱(smishing) 피해 예방 및 구제방법으로 옳지 <u>않은</u> 것은?

① 스마트폰 백신 프로그램 사용
② 사전에 소액결제 및 스팸문자 차단신청
③ 금융계좌의 잔고는 비트코인으로 전환하기
④ 출처가 의심스러운 문자의 링크 주소 클릭 금지

문제 2 인터넷 게시판 사용에 대한 예절로 옳지 <u>않은</u> 것은?

① 제목은 내용에 알맞게 사용한다.
② 문법과 맞춤법은 올바르게 사용한다.
③ 같은 내용은 반복해서 작성하지 않는다.
④ 게시물에 질문을 하고 답변을 얻었으면 질문과 답변을 바로 삭제하고 나온다.

인터넷 검색

370점

일반검색 I (각 10점)

문제 3 제23회 서울국제여성영화제 장편 경쟁 부문의 수상작을 〈보기〉에서 찾아 해당 번호를 답안지에 적으시오 (번호).

문제 3-1) 대상 ·· (   )
문제 3-2) 심사위원상 ··· (   )
문제 3-3) 감독상 ··· (   )

〈보기〉
① 외침과 속삭임　　　　② 성적표의 김민영　　　　③ 채민이에게
④ 층간화음　　　　　　⑤ 섬광의 밤

문제 4 탄소 제로가 유발하는 물가 상승을 뜻하는 것으로 친환경 산업 구조로 전환되는 과정에서 산업금속의 공급이 줄고 수요가 증가해 원자재 가격이 오르는 현상을 **무엇**이라 하는지 검색하시오(정답, URL).

문제 5 입동(立冬)은 24절기의 19번째로 태양 황경이 225도가 될 때이자 겨울이 시작하는 날 이다. 기상청 인제 무인관서에서 관측한 2021년 입동인 날의 **최저기온**(단위:℃, 소수 첫 째 자리까지 표시)을 검색하시오(정답).

※ 아래 각 문제의 설명을 읽고 가로 · 세로에 알맞은 단어를 답안에 기재하시오(정답).

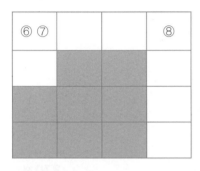

문제 6 (가로) '수레에 실어 운반하면 소가 땀을 흘리게 되고, 쌓아올리면 들보에 닿을 정도의 양'이라는 뜻으로, 장서가 많음을 이르는 **사자성어**를 검색하시오.

문제 7 (세로) '살아 있는 동안'을 이르는 **우리말**을 검색하시오.

문제 8 (세로) 중국의 운서인 '홍무정운' 등을 참고하여 우리나라의 한자음을 새로운 체계로 정리한 최초의 음운서로 조선 세종 30년(1448)에 신숙주, 최항, 성삼문, 박팽년, 이개 등의 집현전 학자들이 왕명에 따라 편찬한 운서이다. 이것의 **이름**을 검색하시오.

문제 9 길 찾기 서비스(포털 및 전문 검색사이트)를 이용하여 **구 목포일본영사관**에서 **구 동양 척식주식회사 목포지점**을 도보로 가는 지도 경로를 찾아 전체화면(길 찾기 검색화면, 경로 포함)을 캡처하여 답안 파일에 붙여 넣으시오 (이미지 크기 150mm x 100mm).

문제 10 영국 이코노미스트 인텔리전스 유닛이 세계 60개 도시를 조사한 '2021 안전 도시 지수(SCI; Safe Cities Index)' 보고서에서 덴마크의 수도 코펜하겐이 가장 높은 점수를 받았다. '2021 안전 도시 지수(SCI)'에서 7위(종합점수 79.0점)로 선정된 **도시**(도시명)를 검색하시오(정답).

문제 11 서울형 생활임금은 노동자와 그 가족이 주거 · 교육 · 문화생활 등을 보장받으며, 빈곤 수준 이상의 삶을 영위할 수 있는 임금 수준이다. 2023년 서울형 생활임금의 **시급**(단위: 원)을 검색하시오(정답).

정보 가공   **70**점

※ 제시된 주제에 따라 답안을 완성하시오.

문제 12 아랍에미리트(UAE) 두바이에서 열린 '2020 두바이 세계 박람회'는 1851년 영국 런던에서 처음 개최된 후 중동 지역에서의 첫 세계 박람회이다. 코로나19 여파로 1년 연기되어 개최된 2020 두바이 세계 박람회에 대한 정보를 검색하여 다음의 안내문 내용을 완성하시오.

2020 두바이 세계 박람회	
(12–1) 2020 두바이 세계 박람회 공식 로고 **이미지**	(12–2) 2020 두바이 세계 박람회 **개최기간**(연월일~연월일) (12–3) 2020 두바이 세계 박람회 **주제**(영문 또는 한글) (12–4) 2020 두바이 세계 박람회 남자아이, 여자아이 **마스코트** 이름

모의고사 2회

정답 파일 Part 3 모의고사\모의고사 2회 답안.hwp

과목	코드	문제유형	시험시간	수험번호	성명
인터넷	1152	B	60분	20244002	홍길동

수험자 유의사항

- 수험자는 문제지를 받는 즉시 **응시하고자 하는 과목의 문제지가 맞는지 확인**하여야 합니다.

- 시험과 직접 관련이 없는 행위 즉, 각종 웹사이트 로그인, 댓글 달기, 게시, 자료 업로드 등의 행위 또는 답안 내역을 보조기억장치 및 기타 통신수단(게시판, 이메일, 메신저, 네트워크 등)을 이용하여 타인에게 전달 또는 외부로 반출하는 경우는 자격기본법 제32 에 의거 부정행위로 간주되어 본 시험 및 국가공인 자격시험을 2년간 응시할 수 없습니다.

- 내 PC\문서\ITQ 폴더의 "답안파일–인터넷.hwp"파일을 열어 파일 이름을 "수험번호–성명–인터넷.hwp"로 답안폴더에 다시 저장한 후 답안 작성을 시작하여야 하며, 답안 문서 파일명이 일치하지 않을 경우 실격 처리됩니다(예 : 12345678–홍길동–인터넷. hwp).
  (시험시 제공되는 답안파일 양식을 사용하지 않을 경우에는 0점 처리됨)

- 답안 작성을 마치면 파일을 저장하고, '답안 전송' 버튼을 선택하여 감독위원 PC로 답안을 전송하십시오. 수험자 정보와 저장한 파일명이 다를 경우 전송되지 않으므로 주의하시기 바랍니다.

- 답안 작성 중에도 **주기적으로 저장하고 답안을 전송**하여야 문제 발생을 줄일 수 있습니다. 작업한 내용을 저장하지 않고 전송할 경우 이전에 저장된 내용이 전송되오니 이점 유의하시기 바랍니다.

- 시험 중 부주의 또는 고의로 시스템을 파손한 경우는 수험자가 변상해야 하며, 〈수험자 유의사항〉에 기재된 방법대로 이행하지 않아 생기는 불이익은 수험자 당사자의 책임임을 알려 드립니다.

- 시험을 완료한 수험자는 답안파일이 전송되었는지 확인한 후 감독위원의 지시에 따라 문제지를 제출하고 퇴실합니다.

답안 작성요령

- 온라인 답안 작성 절차
  수험자 등록 ⇒ 시험 시작 ⇒ 답안파일 저장 ⇒ 답안 전송 ⇒ 시험 종료

- 시험 시작 전 시험과 무관한 프로그램의 실행을 중지시켜 주시기 바랍니다(채팅, 파일공유 등).

- 문제에 (정답)이라고 표시되어 있으면 정답만을 작성란에 기재하고, (정답, URL)이라고 표시되어 있으면 정답과 함께 URL을 반드시 기재하시기 바랍니다. 이를 준수하지 않을 경우 감점, 오답 처리 등 불이익이 있을 수 있습니다.

- 문제 번호에 따라 정답을 아래와 같이 답안파일에 정확히 기록하십시오.

문제번호		답안
문제6	정답	대한민국

- 4번 문제는 번호에 따라 정답과 URL을 아래와 같이 답안파일에 정확히 기록하십시오(URL은 정답을 확인할 수 있는 최종 URL을 기재하십시오).

	정답	ITQ 정보기술자격
문제4	URL	https://www.kpc.or.kr/certification/index.asp

- 4번 문제의 경우 개인 홈페이지나 블로그, 지식 검색(예 : 지식iN, 위키피디아 등)과 같이 개인 사견이 들어 있는 사이트, 첨부파일은 정답으로 인정하지 않습니다.

- 9번의 이미지 파일은 인터넷 답안지에 삽입한 후 반드시 지정된 이미지 크기로 변경하시기 바랍니다.

- 문제에서 제시한 단위, Full name 등의 조건에 맞도록 답안을 작성하시기 바랍니다.

인터넷 윤리

60점, 각 30점

※ 문제에 대한 적절한 내용의 번호를 골라 답안지에 기재하시오.

문제 1 사이버범죄에 대한 국가적·제도적 대응 방안으로 옳지 <u>않은</u> 것은?

① 공공기관에 CCTV 설치를 확대한다.
② 예방활동에 대한 홍보와 교육을 한다.
③ 관련 전문가를 확보하고 충원시킨다.
④ 새로운 사이버범죄에 대한 법률을 정비한다.

문제 2 다음 중 안전한 인터넷 쇼핑을 위한 소비자 안전수칙으로 옳지 <u>않은</u> 것은?

① 쇼핑 거래정보를 출력하여 보관한다.
② 무료배송 서비스, 최저가 제도를 확인한다.
③ 결제시스템의 안전성과 거래 조건을 확인한다.
④ 홈페이지에서 사업장 및 사업정보를 확인한다.

인터넷 검색

370점

일반검색 Ⅰ (각 10점)

문제 3 제13회 DMZ국제다큐멘터리영화제의 수상작을 〈보기〉에서 찾아 해당 번호를 답안지에 적으시오(번호).

문제 3-1) 국제경쟁 : 흰기러기상 ·· ( )
문제 3-2) 국제경쟁 : 심사위원 특별상 ··· ( )
문제 3-3) 아시아 경쟁 : 아시아의 시선상 ··· ( )

〈보기〉
① 창문 없는 방   ② 우시쿠   ③ 실루엣
④ 프레지던트   ⑤ 수프와 이데올로기

문제 4 구글, 애플, 넷플릭스 등 대형 정보기술 기업(빅테크)의 영향력이 커지면서 이들의 과도한 영향력을 우려하는 데 대한 반발 작용이 발생하는 현상을 **무엇**이라 하는지 검색하시오(정답, URL).

문제 5 2021년 10월 전북 대부분 지역에 11년만의 '10월 한파특보'가 발효됐다. 기상청 임실 무인관서에서 관측한 2021년 10월 중 **일최저기온**(단위:℃, 소수 첫째 자리까지 표시)을 검색하시오(정답).

가로 · 세로 정보검색 (각 30점)

※ 아래 각 문제의 설명을 읽고 가로 · 세로에 알맞은 단어를 답안에 기재하시오(정답).

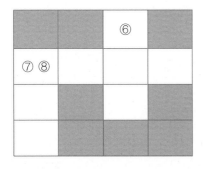

문제 6 (세로) '깊이 들지 못하고 자주 깨면서 자는 잠'을 이르는 **우리말**을 검색하시오.

문제 7 (가로) '한 집안에 주인이 둘이 있을 수 없다'는 뜻으로, 군신의 다름을 이르는 **사자성어**를 검색하시오.

문제 8 (세로) 조선 시대에, 어가 행렬에서 어가 앞의 별초군을 지휘하는 데 쓰던 의장기로 붉은 바탕에 누런 테두리를 둘렀다. 이것의 **이름**을 검색하시오.

실용검색 (각 50점)

문제 9 길 찾기 서비스(포털 및 전문 검색사이트)를 이용하여 부산 동해선 **기장역 1번 출구**에서 **기장읍성**을 도보로 가는 지도 경로를 찾아 전체화면(길 찾기 검색화면, 경로 포함)을 캡처하여 답안 파일에 붙여 넣으시오(이미지 크기 150mm x 100mm).

문제 10 2021년 9월 1일부터 우편요금이 조정되면서 통상우편 기본요금은 430원, 통상우편 규격 외 요금은 520원, 등기우편 기본요금은 2,530원으로 각각 50원씩 인상됐다. 이에 우정사업본부는 우편요금 조정에 따라 새로운 디자인의 일반우표 3종(430원, 520원, 2,530원)을 새로 발행했다. 2022년 11월 11일 발행된 2,530원 일반우표의 **디자이너**(성명)를 검색하시오(정답).

문제 11 국가중요어업유산은 오랜 시간에 걸쳐 형성된 고유의 유무형 어업자산을 보전하고 관리하기 위해 지난 2015년부터 해양수산부에서 지정·관리하고 있다. 2021년 9월에 지정된 국가중요어업유산 제10호의 **등록명칭**을 검색하시오(정답).

정보 가공   **70**점

※ 제시된 주제에 따라 답안을 완성하시오.

문제 12 '새로운 경상북도! 행복한 대한민국!' 슬로건 아래 경상북도에서 개최된 제102회 전국체육대회가 구미시민운동장에서 폐회식을 갖고 성공적으로 마무리됐다. 제102회 전국체육대회에 대한 정보를 검색하여 다음의 안내문 내용을 완성하시오.

제102회 전국체육대회	
(12-1) 제102회 전국체육대회 엠블럼 **이미지**	(12-2) 제102회 전국체육대회 **개최기간**(월일~월일) (12-3) 제102회 전국체육대회 마스코트 **이름**(2개) (12-4) 제102회 전국체육대회 **시범종목**

과목	코드	문제유형	시험시간	수험번호	성명
인터넷	1152	B	60분	20244003	홍길동

수험자 유의사항

• 수험자는 문제지를 받는 즉시 **응시하고자 하는 과목의 문제지가 맞는지 확인**하여야 합니다.

• 시험과 직접 관련이 없는 행위 즉, 각종 웹사이트 로그인, 댓글 달기, 게시, 자료 업로드 등의 행위 또는 답안 내역을 보조기억장치 및 기타 통신수단(게시판, 이메일, 메신저, 네트워크 등)을 이용하여 타인에게 전달 또는 외부로 반출하는 경우는 자격기본법 제32 에 의거 부정행위로 간주되어 본 시험 및 국가공인 자격시험을 2년간 응시할 수 없습니다.

• 내 PC₩문서₩ITQ 폴더의 "답안파일-인터넷.hwp"파일을 열어 파일 이름을 "수험번호-성명-인터넷.hwp"로 답안폴더에 다시 저장한 후 답안 작성을 시작하여야 하며, 답안 문서 파일명이 일치하지 않을 경우 실격 처리됩니다(예 : 12345678-홍길동-인터넷. hwp).
(시험시 제공되는 답안파일 양식을 사용하지 않을 경우에는 0점 처리됨)

• 답안 작성을 마치면 파일을 저장하고, '답안 전송' 버튼을 선택하여 감독위원 PC로 답안을 전송하십시오. 수험자 정보와 저장한 파일명이 다를 경우 전송되지 않으므로 주의하시기 바랍니다.

• 답안 작성 중에도 **주기적으로 저장하고 답안을 전송**하여야 문제 발생을 줄일 수 있습니다. 작업한 내용을 저장하지 않고 전송할 경우 이전에 저장된 내용이 전송되오니 이점 유의하시기 바랍니다.

• 시험 중 부주의 또는 고의로 시스템을 파손한 경우는 수험자가 변상해야 하며, 〈수험자 유의사항〉에 기재된 방법대로 이행하지 않아 생기는 불이익은 수험자 당사자의 책임임을 알려 드립니다.

• 시험을 완료한 수험자는 답안파일이 전송되었는지 확인한 후 감독위원의 지시에 따라 문제지를 제출하고 퇴실합니다.

답안 작성요령

• 온라인 답안 작성 절차
수험자 등록 ⇒ 시험 시작 ⇒ 답안파일 저장 ⇒ 답안 전송 ⇒ 시험 종료

• 시험 시작 전 시험과 무관한 프로그램의 실행을 중지시켜 주시기 바랍니다(채팅, 파일공유 등).

• 문제에 (정답)이라고 표시되어 있으면 정답만을 작성란에 기재하고, (정답, URL)이라고 표시되어 있으면 정답과 함께 URL을 반드시 기재하시기 바랍니다. 이를 준수하지 않을 경우 감점, 오답 처리 등 불이익이 있을 수 있습니다.

• 문제 번호에 따라 정답을 아래와 같이 답안파일에 정확히 기록하십시오.

문제번호		답안
문제6	정답	대한민국

• 4번 문제는 번호에 따라 정답과 URL을 아래와 같이 답안파일에 정확히 기록하십시오(URL은 정답을 확인할 수 있는 최종 URL을 기재하십시오).

문제4	정답	ITQ 정보기술자격
	URL	https://www.kpc.or.kr/certification/index.asp

• 4번 문제의 경우 개인 홈페이지나 블로그, 지식 검색(예 : 지식iN, 위키피디아 등)과 같이 개인 사견이 들어 있는 사이트, 첨부파일은 정답으로 인정하지 않습니다.

• 9번의 이미지 파일은 인터넷 답안지에 삽입한 후 반드시 지정된 이미지 크기로 변경하시기 바랍니다.

• 문제에서 제시한 단위, Full name 등의 조건에 맞도록 답안을 작성하시기 바랍니다.

인터넷 윤리
60점, 각 **30**점

※ 문제에 대한 적절한 내용의 번호를 골라 답안지에 기재하시오.

문제 1 다음 중 사이버공간에서의 네티즌 윤리로 옳지 <u>않은</u> 것은?

① 사이버공간은 누구에게나 평등하며 열린 공간이다.
② 사이버공간은 공동체의 공간이다.
③ 사이버공간의 주체는 아바타이다.
④ 사이버공간은 네티즌 스스로 건전하게 가꾸어 나간다.

문제 2 컴퓨터 바이러스 감염을 예방하기 위한 방법으로 옳은 것은?

① 모든 소프트웨어는 최신 버전으로 구매한다.
② 프리웨어는 절대로 사용하지 않는다.
③ 발신인을 알 수 없는 메일은 열어보고 삭제한다.
④ 중요한 파일은 복사본을 만들어둔다.

인터넷 검색
370점

일반검색 I (각 10점)

문제 3 다음 부산광역시 소재 문화재의 국보 지정일을 〈보기〉에서 찾아 해당 번호를 답안지에 적으시오(번호).

문제 3-1) 심지백 개국원종공신녹권 ·· ( )
문제 3-2) 금동보살입상 ··· ( )
문제 3-3) 산청 석남암사지 석조비로자나불좌상 납석사리호 ················· ( )

〈보기〉
① 1986.10.15.   ② 1962.12.20.   ③ 1973.12.31.
④ 1979.04.30.   ⑤ 2020.08.27.

문제 4 개도국의 산림전용과 황폐화 방지를 통해 온실가스 배출을 줄이는 활동을 **무엇**이라 하는지 검색하시오
(정답, URL).

문제 5 국내 온라인몰에서도 쉽게 직구가 가능해지면서 국내 해외직구 시장이 확대되고 있다.
통계청 온라인쇼핑동향에서 2022년 4/4분기 미국의 의류 및 패션관련 상품 **해외직접**
구매액(단위: 백만원)을 검색하시오(정답).

가로 · 세로 정보검색 (각 30점)

※ 아래 각 문제의 설명을 읽고 가로 · 세로에 알맞은 단어를 답안에 기재하시오(정답).

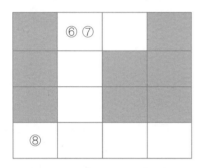

문제 6 (가로) '부부 사이나 사랑하는 이성 사이에서 상대되는 이성이 다른 이성을 좋아할 경우에 지나치게 시기함'을
이르는 **우리말**을 검색하시오.

문제 7 (세로) 번화한 거리에서 달빛이 연무에 은은하게 비치는 모습을 형용하는 말로서 태평성대의 평화로운 풍경을
나타내는 **사자성어**를 검색하시오.

문제 8 (가로) 1920년에 대한 독립단 가운데 황해도에서 활동한 무장 항일 부대로 만주 독립단 파견 대장 이명서, 대원
이근영 등 9명이 중심이 되어 밀정을 응징하는 등 유격전을 벌였다. 이 부대의 **이름**을 검색하시오.

실용검색 (각 50점)

문제 9 길 찾기 서비스(포털 및 전문 검색사이트)를 이용하여 **순창우체국**에서 **옥천골미술관**을
도보로 가는 지도 경로를 찾아 전체화면(길 찾기 검색화면, 경로 포함)을 캡처하여 답안
파일에 붙여 넣으시오(이미지 크기 150mm x 100mm).

문제 10 글로벌 금융자문사 아톤 캐피털(Arton Capital)은 특정한 국가 여권으로 각각 무비자, 도착비자로 방문할 수 있는 외국 국가들의 합을 매겨 순위를 매기는 여권지수(passport index)를 발표하고 있다. 아톤 캐피털(Arton Capital) 조사에서 2022년 여권 파워 랭킹(2022 Global Passport Power Rank) 7위 **국가**(국가명) 전체를 검색하시오(정답).

문제 11 국민연금공단 및 관련 기관에서는 사회보험(4대 보험)을 간편하게 계산할 수 있는 계산기를 제공하고 있다. 사업장 가입자인 근로자 신고소득월액이 3,200,000원일 경우 국민연금 근로자 부담금은 **얼마**(단위: 원)인지 구하시오(정답).

정보 가공   70점

※ 제시된 주제에 따라 답안을 완성하시오.

문제 12 국립백두대간수목원은 백두대간과 고산지역 산림생물자원을 수집·보전·전시·활용하고 있으며, 백두산호랑이의 종 보전과 야생성을 지키기 위해 체계적 관리와 연구를 수행하고 있다. 국립백두대간수목원에 대한 정보를 검색하여 다음의 안내문 내용을 완성하시오.

국립백두대간수목원	
(12-1) 2022 가을 봉자 페스티벌 포스터 **이미지**	(12-2) 국립백두대간수목원 **개관일** (12-3) 국립백두대간수목원 트램 **이용료** (단위: 원, 만 19세 이상 성인) (12-4) 국립백두대간수목원 **주소**(도로명 주소)

모의고사 4회

정답 파일 Part 3 모의고사₩모의고사 4회 답안.hwp

과목	코드	문제유형	시험시간	수험번호	성명
인터넷	1152	B	60분	20244004	홍길동

······················ **수험자 유의사항** ······················

- 수험자는 문제지를 받는 즉시 **응시하고자 하는 과목의 문제지가 맞는지 확인**하여야 합니다.

- 시험과 직접 관련이 없는 행위 즉, 각종 웹사이트 로그인, 댓글 달기, 게시, 자료 업로드 등의 행위 또는 답안 내역을 보조기억장치 및 기타 통신수단(게시판, 이메일, 메신저, 네트워크 등)을 이용하여 타인에게 전달 또는 외부로 반출하는 경우는 자격기본법 제32조에 의거 부정행위로 간주되어 본 시험 및 국가공인 자격시험을 2년간 응시할 수 없습니다.

- 내 PC₩문서₩ITQ 폴더의 "답안파일–인터넷.hwp"파일을 열어 파일 이름을 "수험번호–성명–인터넷.hwp"로 답안폴더에 다시 저장한 후 답안 작성을 시작하여야 하며, 답안 문서 파일명이 일치하지 않을 경우 실격 처리됩니다(예 : 12345678–홍길동–인터넷.hwp).
  (시험시 제공되는 답안파일 양식을 사용하지 않을 경우에는 0점 처리됨)

- 답안 작성을 마치면 파일을 저장하고, '답안 전송' 버튼을 선택하여 감독위원 PC로 답안을 전송하십시오. 수험자 정보와 저장한 파일명이 다를 경우 전송되지 않으므로 주의하시기 바랍니다.

- 답안 작성 중에도 **주기적으로 저장하고 답안을 전송**하여야 문제 발생을 줄일 수 있습니다. 작업한 내용을 저장하지 않고 전송할 경우 이전에 저장된 내용이 전송되오니 이점 유의하시기 바랍니다.

- 시험 중 부주의 또는 고의로 시스템을 파손한 경우는 수험자가 변상해야 하며, 〈수험자 유의사항〉에 기재된 방법대로 이행하지 않아 생기는 불이익은 수험자 당사자의 책임임을 알려 드립니다.

- 시험을 완료한 수험자는 답안파일이 전송되었는지 확인한 후 감독위원의 지시에 따라 문제지를 제출하고 퇴실합니다.

······················ **답안 작성요령** ······················

- 온라인 답안 작성 절차
  수험자 등록 ⇒ 시험 시작 ⇒ 답안파일 저장 ⇒ 답안 전송 ⇒ 시험 종료

- 시험 시작 전 시험과 무관한 프로그램의 실행을 중지시켜 주시기 바랍니다(채팅, 파일공유 등).

- 문제에 (정답)이라고 표시되어 있으면 정답만을 작성란에 기재하고, (정답, URL)이라고 표시되어 있으면 정답과 함께 URL을 반드시 기재하시기 바랍니다. 이를 준수하지 않을 경우 감점, 오답 처리 등 불이익이 있을 수 있습니다.

- 문제 번호에 따라 정답을 아래와 같이 답안파일에 정확히 기록하십시오.

문제번호		답안
문제6	정답	대한민국

- 4번 문제는 번호에 따라 정답과 URL을 아래와 같이 답안파일에 정확히 기록하십시오(URL은 정답을 확인할 수 있는 최종 URL을 기재하십시오).

문제4	정답	ITQ 정보기술자격
	URL	https://www.kpc.or.kr/certification/index.asp

- 4번 문제의 경우 개인 홈페이지나 블로그, 지식 검색(예 : 지식iN, 위키피디아 등)과 같이 개인 사견이 들어 있는 사이트, 첨부파일은 정답으로 인정하지 않습니다.

- 9번의 이미지 파일은 인터넷 답안지에 삽입한 후 반드시 지정된 이미지 크기로 변경하시기 바랍니다.

- 문제에서 제시한 단위, Full name 등의 조건에 맞도록 답안을 작성하시기 바랍니다.

인터넷 윤리

※ 문제에 대한 적절한 내용의 번호를 골라 답안지에 기재하시오.

문제 1 다음 중 사이버범죄의 유형으로 옳지 <u>않은</u> 것은?

① 해킹, DDoS
② 프리웨어 배포
③ 피싱, 스미싱, 파밍
④ 유해 콘텐츠 온라인 유통/배포

문제 2 안전한 전자상거래를 위한 인터넷쇼핑몰 이용소비자의 안전수칙으로 옳지 않은 것은?

① 교환, 환불, 반품조건 등을 확인하고 거래한다.
② 안전한 결제가 이루어지는 사이트인지 확인한다.
③ 공정거래위원회 표준약관마크 로고 표시가 있는 곳만 이용한다.
④ 사이트에 사업자정보(상호, 주소, 전화번호 등)가 기재되어 있는지 확인한다.

인터넷 검색

370점

일반검색 I (각 10점)

문제 3 제78회 베니스국제영화제의 수상작을 〈보기〉에서 찾아 해당 번호를 답안지에 적으시오(번호).

문제 3-1) 황금사자상 ·· ( )
문제 3-2) 은사자상–심사위원대상 ·· ( )
문제 3-3) 은사자상–감독상 ··· ( )

〈보기〉
① 더 파워 오브 더 도그   ② 일 부코   ③ 해프닝(레벤느망)
④ 페러렐 마더스   ⑤ 더 핸드 오브 갓

문제 4 컴퓨터 프로그램을 통해 웹페이지로부터 자동으로 데이터를 수집하는 과정을 의미한다. 특정 웹페이지에 접근해 웹페이지의 내용물을 수집 · 분류 · 저장하고, 해당 페이지에 연결된 다른 웹페이지들도 분류 및 저장한다. 이후 목록 안의 하이퍼링크에 각각 접속해 같은 과정을 수없이 반복한다. 이것을 **무엇**이라 하는지 검색하시오(정답, URL).

문제 5 통계청에 따르면, 신생아 수가 점차 줄어드는 가운데 여아 100명당 남아 수를 나타내는 출생성비도 점차 감소하고 있다. 통계청(국가통계포털)에서 2021년 울산광역시의 **총출생성비**(단위: 명, 소수 첫째 자리까지 표시)를 검색하시오(정답).

가로 · 세로 정보검색 (각 30점)

※ 아래 각 문제의 설명을 읽고 가로 · 세로에 알맞은 단어를 답안에 기재하시오(정답).

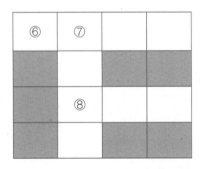

문제 6 (가로) '흘러가는 세월의 빠름은 달려가는 말을 문틈으로 보는 것과 같다'는 뜻으로, 인생의 덧없고 짧음을 비유하는 **사자성어**를 검색하시오.

문제 7 (세로) '남모르게 틈틈이'를 이르는 **우리말**을 검색하시오.

문제 8 (가로) 1908년에 이해조가 지은 신소설로 미신이 만연한 사회를 풍자하여 미신 타파를 강조하였으며, 종친회 묘사를 통하여 민주적 의식을 깨우치고자 하였다. 이 소설의 **이름**을 검색하시오.

실용검색 (각 50점)

문제 9 길 찾기 서비스(포털 및 전문 검색사이트)를 이용하여 **강릉대도호부관아**에서 **강릉향교**를 도보로 가는 지도 경로를 찾아 전체화면(길 찾기 검색화면, 경로 포함)을 캡처하여 답안 파일에 붙여 넣으시오(이미지 크기 150mm x 100mm).

문제 10 전자여행허가제(K-ETA)는 대한민국에 사증 없이 입국할 수 있는 국가의 국민이 대한민국을 방문 시, 입국 전에 여행정보를 제출하고 허가를 받는 제도로 2021년 9월 1일부터 시행(의무화)되고 있다. 전자여행허가제(K-ETA) 신청 **수수료**(단위: 원, 결제수수료 미포함 금액)를 검색하시오(정답).

문제 11 항공권에는 비행기 탑승을 위한 여러 정보가 기재되어 있는데 인천공항의 경우 ICN으로 알파벳 세 자리가 표기되어 있다. 이것은 국제항공운송협회(IATA)에서 세계 각국의 공항들을 간단하고 편리하게 식별하기 위해 부여한 것이다. 프랑스(France) 니스(Nice)의 코트 다쥐르 공항(Cote d' Azur Airport)의 **IATA 공항코드**를 검색하시오(정답).

정보 가공	**70**점

※ 제시된 주제에 따라 답안을 완성하시오.

문제 12 서울공예박물관은 한국 최초의 공립 공예박물관으로 공예품뿐만 아니라, 공예를 둘러싼 지식, 기록, 사람, 환경 등을 연구하고 공유함으로써 공예가 지닌 기술적·실용적·예술적·문화적 가치를 경험할 수 있는 역동적인 플랫폼이 되는 것을 목표로 하고 있다. 서울공예박물관에 대한 정보를 검색하여 다음의 안내문 내용을 완성하시오.

서울공예박물관	
(12-1) 서울특별시 유형문화재 자수 연화당초문 현우경 표지 **이미지**	(12-2) 서울공예박물관 전시2동 공예아카이브실 기획전시회(2022.12.08. ～ 2023.05.26.) **제목** (12-3) 서울공예박물관 부지에 박물관 개관 전 자리하던 학교의 **이름** (12-4) 서울공예박물관 **주소**(도로명)

모의고사 5회

정답 파일 Part 3 모의고사₩모의고사 5회 답안.hwp

과목	코드	문제유형	시험시간	수험번호	성명
인터넷	1152	B	60분	20244005	홍길동

수험자 유의사항

- 수험자는 문제지를 받는 즉시 **응시하고자 하는 과목의 문제지가 맞는지 확인**하여야 합니다.
- 시험과 직접 관련이 없는 행위 즉, 각종 웹사이트 로그인, 댓글 달기, 게시, 자료 업로드 등의 행위 또는 답안 내역을 보조기억장치 및 기타 통신수단(게시판, 이메일, 메신저, 네트워크 등)을 이용하여 타인에게 전달 또는 외부로 반출하는 경우는 자격기본법 제32에 의거 부정행위로 간주되어 본 시험 및 국가공인 자격시험을 2년간 응시할 수 없습니다.
- 내 PC₩문서₩ITQ 폴더의 "답안파일-인터넷.hwp"파일을 열어 파일 이름을 "수험번호-성명-인터넷.hwp"로 답안폴더에 다시 저장한 후 답안 작성을 시작하여야 하며, 답안 문서 파일명이 일치하지 않을 경우 실격 처리됩니다(예 : 12345678-홍길동-인터넷.hwp).
  (시험시 제공되는 답안파일 양식을 사용하지 않을 경우에는 0점 처리됨)
- 답안 작성을 마치면 파일을 저장하고, '답안 전송' 버튼을 선택하여 감독위원 PC로 답안을 전송하십시오. 수험자 정보와 저장한 파일명이 다를 경우 전송되지 않으므로 주의하시기 바랍니다.
- 답안 작성 중에도 **주기적으로 저장하고 답안을 전송**하여야 문제 발생을 줄일 수 있습니다. 작업한 내용을 저장하지 않고 전송할 경우 이전에 저장된 내용이 전송되오니 이점 유의하시기 바랍니다.
- 시험 중 부주의 또는 고의로 시스템을 파손한 경우는 수험자가 변상해야 하며, 〈수험자 유의사항〉에 기재된 방법대로 이행하지 않아 생기는 불이익은 수험자 당사자의 책임임을 알려 드립니다.
- 시험을 완료한 수험자는 답안파일이 전송되었는지 확인한 후 감독위원의 지시에 따라 문제지를 제출하고 퇴실합니다.

답안 작성요령

- 온라인 답안 작성 절차
  수험자 등록 ⇒ 시험 시작 ⇒ 답안파일 저장 ⇒ 답안 전송 ⇒ 시험 종료
- 시험 시작 전 시험과 무관한 프로그램의 실행을 중지시켜 주시기 바랍니다(채팅, 파일공유 등).
- 문제에 (정답)이라고 표시되어 있으면 정답만을 작성란에 기재하고, (정답, URL)이라고 표시되어 있으면 정답과 함께 URL을 반드시 기재하시기 바랍니다. 이를 준수하지 않을 경우 감점, 오답 처리 등 불이익이 있을 수 있습니다.
- 문제 번호에 따라 정답을 아래와 같이 답안파일에 정확히 기록하십시오.

문제번호		답안
문제6	정답	대한민국

- 4번 문제는 번호에 따라 정답과 URL을 아래와 같이 답안파일에 정확히 기록하십시오(URL은 정답을 확인할 수 있는 최종 URL을 기재하십시오).

문제4	정답	ITQ 정보기술자격
	URL	https://www.kpc.or.kr/certification/index.asp

- 4번 문제의 경우 개인 홈페이지나 블로그, 지식 검색(예 : 지식iN, 위키피디아 등)과 같이 개인 사견이 들어 있는 사이트, 첨부파일은 정답으로 인정하지 않습니다.
- 9번의 이미지 파일은 인터넷 답안지에 삽입한 후 반드시 지정된 이미지 크기로 변경하시기 바랍니다.
- 문제에서 제시한 단위, Full name 등의 조건에 맞도록 답안을 작성하시기 바랍니다.

인터넷 윤리

60점, 각 **30**점

※ 문제에 대한 적절한 내용의 번호를 골라 답안지에 기재하시오.

문제1 다음 중 불법 소프트웨어 단속대상인 것은?

① 1인 사용자 프로그램을 구비하여 여러 명이 사용하는 경우
② 인터넷에서 체험판 프로그램을 다운로드하여 사용하는 경우
③ 라이선스 키를 구매하였으나 CD 프로그램을 구비하지 않고 있는 경우
④ 베타 프로그램을 삭제하고 정품 프로그램을 구매하여 설치했을 경우

문제2 안전한 전자상거래를 위한 인터넷쇼핑몰 이용 소비자의 안전 수칙으로 옳지 <u>않은</u> 것은?

① 교환, 환불, 반품조건 등을 확인하고 거래한다.
② 안전한 결제가 이루어지는 사이트인지 확인한다.
③ 공정거래위원회 마크는 국가가 보증하는 사이트이므로 신뢰한다.
④ 사이트에 사업자의 신원정보(상호, 주소, 전화번호 등)가 기재되어 있는지 확인한다.

인터넷 검색

370점

일반검색 I (각 10점)

문제3 국가무형문화재 강릉단오제 보유자를 〈보기〉에서 찾아 해당 번호를 답안지에 적으시오(번호).

문제 3-1) 관노가면극 ·· (   )
문제 3-2) 제관 ··· (   )
문제 3-3) 무녀 ··· (   )

〈보기〉
① 조규돈   ② 빈순애   ③ 신동해   ④ 김종군   ⑤ 최두길

문제 4 '개인'과 '경제학'을 합성한 신조어로 유튜버·틱톡커·인스타그램 인플루언서 등 개인 콘텐츠를 만드는 사람들이나 그들이 행하는 자주적·독립적인 경제 활동을 **무엇**이라 하는지 검색하시오(정답, URL).

문제 5 처서(處暑)는 여름이 지나 더위가 한풀 꺾이고 선선한 가을을 맞이하게 되는 절기이다. 기상청 영월 무인관서에서 관측한 2022년 처서인 날의 **일최저기온**(단위: ℃, 소수 첫째 자리까지 표시)을 검색하시오(정답).

가로·세로 정보검색 (각 30점)

※ 아래 각 문제의 설명을 읽고 가로·세로에 알맞은 단어를 답안에 기재하시오(정답).

⑥			
			⑦
⑧			

문제 6 (세로) 전통 혼례에서, 신랑이 기러기를 가지고 신부 집에 가서 상 위에 놓고 절하는 전안 의식을 할 때, 기러기를 들고 신랑 앞에 서서 가는 사람을 **무엇**이라 하는지 검색하시오.

문제 7 (세로) '건달처럼 건들건들 놀며 세월만 허비하는 짓 또는 그런 사람'을 속되게 이르는 **우리말**을 검색하시오.

문제 8 (가로) '암수가 각각 눈 하나에 날개가 하나씩이라서 짝을 짓지 않으면 날지 못하는 새와 한 나무의 가지가 다른 나무의 가지와 맞붙어서 서로 결이 통한 가지'라는 뜻으로, 부부의 사이가 깊고 화목함을 비유해 이르는 **사자성어**를 검색하시오.

실용검색 (각 50점)

문제 9 길 찾기 서비스(포털 및 전문 검색사이트)를 이용하여 대구광역시 민속문화재 **남평문씨 본리(인흥) 세거지**에서 **대구 화원역 2번 출구**를 도보로 가는 지도 경로를 찾아 전체화면(길 찾기 검색화면, 경로 포함)을 캡처하여 답안 파일에 붙여 넣으시오(이미지 크기 150mm x 100mm).

문제 10 국가중요농업유산은 보전할 가치가 있다고 인정하여 국가가 지정한 농업유산으로 2013년부터 2022년까지 18개소를 지정해 오고 있다. 현장조사를 통해 가치를 평가하여 2022년 추가 지정된 국가중요농업유산 제17호의 **등록명칭**을 검색하시오(정답).

문제 11 공쿠르상(Goncourt)은 1903년 제정된 프랑스 최고 권위의 문학상으로 노벨문학상과 영국의 부커상과 함께 세계3대 문학상으로 꼽힌다. 2022년 공쿠르상의 **수상자**를 검색하시오(정답).

정보 가공   70점

※ 제시된 주제에 따라 답안을 완성하시오.

문제 12 강북권역에 과학문화시설을 확충해 지역별 과학문화 격차를 해소하고 서울의 권역별 균형발전을 도모하기 위해 노원구 하계동에 서울시립과학관이 개관하였다. 서울시립과학관에 대한 정보를 검색하여 다음의 안내문 내용을 완성하시오.

서울시립과학관	
(12-1) 서울시 휘장 **이미지**	(12-2) 서울시립과학관의 '과학강연' 과학북토크의 2023년 3월 29일(토) **강연 제목** (12-3) 서울시립과학관의 **운영시간** (12-4) 서울시립과학관 **개관일**(연월일)

모의고사 6회

정답 파일 Part 3 모의고사₩모의고사 6회 답안.hwp

과목	코드	문제유형	시험시간	수험번호	성명
인터넷	1152	B	60분	20244006	홍길동

수험자 유의사항

- 수험자는 문제를 받는 즉시 **응시하고자 하는 과목의 문제지가 맞는지 확인**하여야 합니다.

- 시험과 직접 관련이 없는 행위 즉, 각종 웹사이트 로그인, 댓글 달기, 게시, 자료 업로드 등의 행위 또는 답안 내역을 보조기억장치 및 기타 통신수단(게시판, 이메일, 메신저, 네트워크 등)을 이용하여 타인에게 전달 또는 외부로 반출하는 경우는 자격기본법 제32 에 의거 부정행위로 간주되어 본 시험 및 국가공인 자격시험을 2년간 응시할 수 없습니다.

- 내 PC₩문서₩ITQ 폴더의 "답안파일-인터넷.hwp"파일을 열어 파일 이름을 "수험번호-성명-인터넷.hwp"로 답안폴더에 다시 저장한 후 답안 작성을 시작하여야 하며, 답안 문서 파일명이 일치하지 않을 경우 실격 처리됩니다(예 : 12345678-홍길동-인터넷. hwp).
  (시험시 제공되는 답안파일 양식을 사용하지 않을 경우에는 0점 처리됨)

- 답안 작성을 마치면 파일을 저장하고, '답안 전송' 버튼을 선택하여 감독위원 PC로 답안을 전송하십시오. 수험자 정보와 저장한 파일명이 다를 경우 전송되지 않으므로 주의하시기 바랍니다.

- 답안 작성 중에도 **주기적으로 저장하고 답안을 전송**하여야 문제 발생을 줄일 수 있습니다. 작업한 내용을 저장하지 않고 전송할 경우 이전에 저장된 내용이 전송되오니 이점 유의하시기 바랍니다.

- 시험 중 부주의 또는 고의로 시스템을 파손한 경우는 수험자가 변상해야 하며, 〈수험자 유의사항〉에 기재된 방법대로 이행하지 않아 생기는 불이익은 수험자 당사자의 책임임을 알려 드립니다.

- 시험을 완료한 수험자는 답안파일이 전송되었는지 확인한 후 감독위원의 지시에 따라 문제지를 제출하고 퇴실합니다.

답안 작성요령

- 온라인 답안 작성 절차
  수험자 등록 ⇒ 시험 시작 ⇒ 답안파일 저장 ⇒ 답안 전송 ⇒ 시험 종료

- 시험 시작 전 시험과 무관한 프로그램의 실행을 중지시켜 주시기 바랍니다(채팅, 파일공유 등).

- 문제에 (정답)이라고 표시되어 있으면 정답만을 작성란에 기재하고, (정답, URL)이라고 표시되어 있으면 정답과 함께 URL을 반드시 기재하시기 바랍니다. 이를 준수하지 않을 경우 감점, 오답 처리 등 불이익이 있을 수 있습니다.

- 문제 번호에 따라 정답을 아래와 같이 답안파일에 정확히 기록하십시오.

문제번호		답안
문제6	정답	대한민국

- 4번 문제는 번호에 따라 정답과 URL을 아래와 같이 답안파일에 정확히 기록하십시오(URL은 정답을 확인할 수 있는 최종 URL을 기재하십시오).

문제4	정답	ITQ 정보기술자격
	URL	https://www.kpc.or.kr/certification/index.asp

- 4번 문제의 경우 개인 홈페이지나 블로그, 지식 검색(예 : 지식iN, 위키피디아 등)과 같이 개인 사견이 들어 있는 사이트, 첨부파일은 정답으로 인정하지 않습니다.

- 9번의 이미지 파일은 인터넷 답안지에 삽입한 후 반드시 지정된 이미지 크기로 변경하시기 바랍니다.

- 문제에서 제시한 단위, Full name 등의 조건에 맞도록 답안을 작성하시기 바랍니다.

인터넷 윤리
60점, 각 **30**점

※ 문제에 대한 적절한 내용의 번호를 골라 답안지에 기재하시오.

문제 1 다음 중 인터넷의 역기능이 <u>아닌</u> 것은?

> ① 해킹
> ② 저작권 침해
> ③ 개방성
> ④ 인터넷 중독

문제 2 본인의 핸드폰에 보이스피싱 전화가 왔을 때 가장 민감하지 <u>않은</u> 정보인 것은?

> ① 본인의 주민등록번호
> ② 본인의 핸드폰 번호
> ③ 본인의 간편결제 비밀번호
> ④ 본인의 계좌 비밀번호

인터넷 검색
370점

일반검색 I (각 10점)

문제 3 국가무형문화재 판소리 보유자를 〈보기〉에서 찾아 해당 번호를 답안지에 적으시오(번호).

       문제 3-1) 적벽가 .... (   )
       문제 3-2) 수궁가 .... (   )
       문제 3-3) 심청가 .... (   )

> 〈보기〉
> ① 김청만   ② 김수연   ③ 김일구   ④ 이난초   ⑤ 김영자

문제 4 코로나 블루를 겪는 소비자들에게 따스한 인간의 온도와 감성을 전달하는, 사람 중심의 언택트 기술 또는 마케팅을 일컫는 **용어**를 검색하시오(정답, URL).

문제 5 백로(白露)는 가을 기운이 완연하고 농작물에 이슬이 맺힌다고 하여 유래한 절기이다. 기상청 여수 유인관서에서 관측한 2022년 백로인 날의 **일평균기온**(단위: ℃, 소수 첫째 자리까지 표시)을 검색하시오(정답).

가로 · 세로 정보검색 (각 30점)

※ 아래 각 문제의 설명을 읽고 가로 · 세로에 알맞은 단어를 답안에 기재하시오(정답).

			⑥
⑦ ⑧			

문제 6 (세로) '어정어정 놀면서 느릿느릿'을 이르는 **우리말**을 검색하시오.

문제 7 (가로) '지는 달이 지붕을 비춘다'는 뜻으로, 벗이나 고인에 대한 생각이 간절함을 이르는 **사자성어**를 검색하시오.

문제 8 (세로) 조선 시대에, 대소과에 낙제한 향교 및 학당의 교생이나 원생에게 부과하였던 군역을 **무엇**이라 하는지 검색하시오.

실용검색 (각 50점)

문제 9 길 찾기 서비스(포털 및 전문 검색사이트)를 이용하여 **창원시립 마산박물관**에서 **경상남도 문화재자료 몽고정**을 도보로 가는 지도 경로를 찾아 전체화면(길 찾기 검색화면, 경로 포함)을 캡처하여 답안 파일에 붙여 넣으시오 (이미지 크기 150mm x 100mm).

문제 10 2개월령 이상인 반려견은 시·군·구청 또는 동물등록대행자(동물병원, 동물보호센터 등)를 통해 동물등록을 해야 하며, 2개월령 이상인 반려견 미등록자에게는 과태료가 부과된다. 동물등록제의 **전국 의무 시행 시작일**을 검색하시오(정답).

문제 11 퓰리처상은 미국의 신문 저널리즘, 문학적 업적과 명예, 음악적 구성에서 가장 높은 기여자로 꼽히는 사람에게 주는 상이다. 2021년 퓰리처상 소설(Fiction) 부문의 **수상작품**(작품명)을 검색하시오(정답).

정보 가공   **70**점

※ 제시된 주제에 따라 답안을 완성하시오.

문제 12 세종문화회관은 1978년 개관 이후 최고의 예술 콘텐츠를 선보이는 예술 명소로서 창작자와 문화 예술인, 그리고 시민들과 언제나 함께하는 365일 열린 복합문화공간이다. 세종문화회관에 대한 정보를 검색하여 다음의 안내문 내용을 완성하시오.

365일 열린 복합문화공간 : 세종문화회관(꿈의 숲 아트센터, 삼청각)	
(12–1) 세종문화회관 심볼마크(기본) **이미지**	(12–2) 서울시뮤지컬단의 '세종문화회관'–'세종M씨어터'에서의 2023년 12월 공연 **뮤지컬 제목** (12–3) '꿈의 숲 아트센터'–'드림갤러리'에서 2023.03.22~2023.03.26 기간 열리는 **전시명** (12–4) 꿈의 숲 아트센터 **주소**(도로명 주소)

모의고사 7회

정답 파일 Part 3 모의고사₩모의고사 7회 답안.hwp

과목	코드	문제유형	시험시간	수험번호	성명
인터넷	1152	B	60분	20244007	홍길동

·········· **수험자 유의사항** ··········

- 수험자는 문제지를 받는 즉시 **응시하고자 하는 과목의 문제지가 맞는지 확인**하여야 합니다.

- 시험과 직접 관련이 없는 행위 즉, 각종 웹사이트 로그인, 댓글 달기, 게시, 자료 업로드 등의 행위 또는 답안 내역을 보조기억장치 및 기타 통신수단(게시판, 이메일, 메신저, 네트워크 등)을 이용하여 타인에게 전달 또는 외부로 반출하는 경우는 자격기본법 제32 에 의거 부정행위로 간주되어 본 시험 및 국가공인 자격시험을 2년간 응시할 수 없습니다.

- 내 PC₩문서₩ITQ 폴더의 "답안파일-인터넷.hwp"파일을 열어 파일 이름을 "수험번호-성명-인터넷.hwp"로 답안폴더에 다시 저장한 후 답안 작성을 시작하여야 하며, 답안 문서 파일명이 일치하지 않을 경우 실격 처리됩니다(예 : 12345678-홍길동-인터넷. hwp).
  (시험시 제공되는 답안파일 양식을 사용하지 않을 경우에는 0점 처리됨)

- 답안 작성을 마치면 파일을 저장하고, '답안 전송' 버튼을 선택하여 감독위원 PC로 답안을 전송하십시오. 수험자 정보와 저장한 파일명이 다를 경우 전송되지 않으므로 주의하시기 바랍니다.

- 답안 작성 중에도 **주기적으로 저장하고 답안을 전송**하여야 문제 발생을 줄일 수 있습니다. 작업한 내용을 저장하지 않고 전송할 경우 이전에 저장된 내용이 전송되오니 이점 유의하시기 바랍니다.

- 시험 중 부주의 또는 고의로 시스템을 파손한 경우는 수험자가 변상해야 하며, 〈수험자 유의사항〉에 기재된 방법대로 이행하지 않아 생기는 불이익은 수험자 당사자의 책임임을 알려 드립니다.

- 시험을 완료한 수험자는 답안파일이 전송되었는지 확인한 후 감독위원의 지시에 따라 문제지를 제출하고 퇴실합니다.

·········· **답안 작성요령** ··········

- 온라인 답안 작성 절차
  수험자 등록 ⇒ 시험 시작 ⇒ 답안파일 저장 ⇒ 답안 전송 ⇒ 시험 종료

- 시험 시작 전 시험과 무관한 프로그램의 실행을 중지시켜 주시기 바랍니다(채팅, 파일공유 등).

- 문제에 (정답)이라고 표시되어 있으면 정답만을 작성란에 기재하고, (정답, URL)이라고 표시되어 있으면 정답과 함께 URL을 반드시 기재하시기 바랍니다. 이를 준수하지 않을 경우 감점, 오답 처리 등 불이익이 있을 수 있습니다.

- 문제 번호에 따라 정답을 아래와 같이 답안파일에 정확히 기록하십시오.

문제번호		답안
문제6	정답	대한민국

- 4번 문제는 번호에 따라 정답과 URL을 아래와 같이 답안파일에 정확히 기록하십시오(URL은 정답을 확인할 수 있는 최종 URL을 기재하십시오).

문제4	정답	ITQ 정보기술자격
	URL	https://www.kpc.or.kr/certification/index.asp

- 4번 문제의 경우 개인 홈페이지나 블로그, 지식 검색(예 : 지식iN, 위키피디아 등)과 같이 개인 사견이 들어 있는 사이트, 첨부파일은 정답으로 인정하지 않습니다.

- 9번의 이미지 파일은 인터넷 답안지에 삽입한 후 반드시 지정된 이미지 크기로 변경하시기 바랍니다.

- 문제에서 제시한 단위, Full name 등의 조건에 맞도록 답안을 작성하시기 바랍니다.

※ 문제에 대한 적절한 내용의 번호를 골라 답안지에 기재하시오.

문제 1 인터넷 중독의 예방법으로 옳지 <u>않은</u> 것은?

---
① 특별한 목적 없이 인터넷을 1시간 이상 하지 않는다.
② 공공장소의 컴퓨터를 사용하지 않고 개인용 컴퓨터를 사용한다.
③ 인터넷 때문에 취침시간을 넘기지 않는다.
④ 인터넷 이외의 취미활동, 운동을 즐긴다.

문제 2 다음 중 안전한 휴대폰 메신저 사용수칙으로 옳지 <u>않은</u> 것은?

---
① 메신저로 금전 요구를 할 경우에는 전화로 확인한다.
② 그룹채팅 중에는 개인정보가 노출되지 않도록 주의한다.
③ 메신저 자체 보안설정 및 보안프로그램은 최신 버전을 사용한다.
④ 익명의 이름으로 친구 추천이 오더라도 거절하지 말고 승인을 한다.

인터넷 검색
370점

일반검색 I (각 10점)

문제 3 다음 태풍이름의 뜻(의미)을 〈보기〉에서 찾아 해당 번호를 답안지에 적으시오(번호).

문제 3-1) 인파(IN-FA) ·· ( )
문제 3-2) 초이완(CHOI-WAN) ·································· ( )
문제 3-3) 쳄파카(CEMPAKA) ·································· ( )

〈보기〉
① 꽃/식물의 이름   ② 봉우리의 이름   ③ 불꽃놀이   ④ 색깔 있는 구름   ⑤ 전사의 이름

문제 4 해커들이 일반 사용자의 PC에 악성코드를 설치하여 암호화폐를 채굴하게 만들어 그 수익을 갈취하는 형태의 사이버 범죄를 **무엇**이라 하는지 검색하시오(정답, URL).

문제 5 통계청과 축산물품질평가원의 '가축동향조사'에 따르면 2022년 3/4분기 국내에서 사육중인 한우는 3,584,049마리로 집계됐다. 통계청 가축동향조사에서 2022년 3/4분기 경상북도의 **한우 마리수**를 검색하시오(정답).

가로 · 세로 정보검색 (각 30점)

※ 아래 각 문제의 설명을 읽고 가로 · 세로에 알맞은 단어를 답안에 기재하시오(정답).

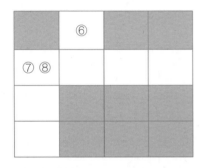

문제 6 (세로) '살림살이의 형편이나 정도'를 이르는 **우리말**을 검색하시오.

문제 7 (가로) '맑은 물의 사귐'이라는 뜻으로, 담박하고 변함없는 우정, 교양이 있는 군자의 교제를 이르는 **사자성어**를 검색하시오.

문제 8 (세로) 조선시대에, 흉년이나 진휼에 대비하기 위하여 제주목에 설치한 창고로 목사 이명준의 건의로 설치되었다. 이 창고의 **이름**을 검색하시오.

실용검색 (각 50점)

문제 9 길 찾기 서비스(포털 및 전문 검색사이트)를 이용하여 **보물 제289호**에서 **태인동헌**을 도보로 가는 지도 경로를 찾아 전체화면(길 찾기 검색화면, 경로 포함)을 캡처하여 답안 파일에 붙여 넣으시오(이미지 크기 150mm x 100mm).

문제 10 우정사업본부는 대한민국의 아름다운 해안도로 4곳을 선정하여 '해안 경관도로' 기념우표를 발행했다. 이 중에서 2011년에 개최된 제1회 대한민국 자연경관대상에서 최우수상을 수상한 해안도로의 **이름**을 검색하시오 (정답).

문제 11 축산물이력제는 소 · 돼지 · 닭/오리/계란을 도축부터 판매에 이르기까지 정보를 기록 · 관리하여 위생 · 안전의 문제를 사전에 방지하고, 문제가 발생할 경우에 그 이력을 추적하여 신속하게 대처하기 위한 제도이다. 이력번호「1 800355 00946」인 축산물의 **도축일자**(연월일)를 검색하시오(정답).

정보 가공   **70**점

※ 제시된 주제에 따라 답안을 완성하시오.

문제 12 경상북도 안동(安東)은 52개의 유형문화재(국보, 보물), 3개의 국가무형문화재를 비롯하여 많은 문화재가 있는 유네스코 세계유산 도시이다. 안동에 대한 정보를 검색하여 다음의 안내문 내용을 완성하시오.

안동 관광	
(12-1) 안동의 캐릭터 중 '또기' **이미지**	(12-2) 이육사문학관 **주소**(도로명) (12-3) 안동의 세계기록유산 '유교책판(한국의 유교책판)'을 소장하고 있는 기관의 **이름** (12-4) 안동의 국가무형문화재 중 2019년 12월 31일 지정된 공예기술의 **이름**

모의고사 8회

정답 파일 Part 3 모의고사₩모의고사 8회 답안.hwp

과목	코드	문제유형	시험시간	수험번호	성명
인터넷	1152	B	60분	20244008	홍길동

수험자 유의사항

- 수험자는 문제지를 받는 즉시 **응시하고자 하는 과목의 문제지가 맞는지 확인**하여야 합니다.

- 시험과 직접 관련이 없는 행위 즉, 각종 웹사이트 로그인, 댓글 달기, 게시, 자료 업로드 등의 행위 또는 답안 내역을 보조기억장치 및 기타 통신수단(게시판, 이메일, 메신저, 네트워크 등)을 이용하여 타인에게 전달 또는 외부로 반출하는 경우는 자격기본법 제32 에 의거 부정행위로 간주되어 본 시험 및 국가공인 자격시험을 2년간 응시할 수 없습니다.

- 내 PC₩문서₩ITQ 폴더의 "답안파일-인터넷.hwp"파일을 열어 파일 이름을 "수험번호-성명-인터넷.hwp"로 답안폴더에 다시 저장한 후 답안 작성을 시작하여야 하며, 답안 문서 파일명이 일치하지 않을 경우 실격 처리됩니다(예 : 12345678-홍길동-인터넷. hwp).
  (시험시 제공되는 답안파일 양식을 사용하지 않을 경우에는 0점 처리됨)

- 답안 작성을 마치면 파일을 저장하고, '답안 전송' 버튼을 선택하여 감독위원 PC로 답안을 전송하십시오. 수험자 정보와 저장한 파일명이 다를 경우 전송되지 않으므로 주의하시기 바랍니다.

- 답안 작성 중에도 **주기적으로 저장하고 답안을 전송**하여야 문제 발생을 줄일 수 있습니다. 작업한 내용을 저장하지 않고 전송할 경우 이전에 저장된 내용이 전송되오니 이점 유의하시기 바랍니다.

- 시험 중 부주의 또는 고의로 시스템을 파손한 경우는 수험자가 변상해야 하며, 〈수험자 유의사항〉에 기재된 방법대로 이행하지 않아 생기는 불이익은 수험자 당사자의 책임임을 알려 드립니다.

- 시험을 완료한 수험자는 답안파일이 전송되었는지 확인한 후 감독위원의 지시에 따라 문제지를 제출하고 퇴실합니다.

답안 작성요령

- 온라인 답안 작성 절차
  수험자 등록 ⇒ 시험 시작 ⇒ 답안파일 저장 ⇒ 답안 전송 ⇒ 시험 종료

- 시험 시작 전 시험과 무관한 프로그램의 실행을 중지시켜 주시기 바랍니다(채팅, 파일공유 등).

- 문제에 (정답)이라고 표시되어 있으면 정답만을 작성란에 기재하고, (정답, URL)이라고 표시되어 있으면 정답과 함께 URL을 반드시 기재하시기 바랍니다. 이를 준수하지 않을 경우 감점, 오답 처리 등 불이익이 있을 수 있습니다.

- 문제 번호에 따라 정답을 아래와 같이 답안파일에 정확히 기록하십시오.

문제번호		답안
문제6	정답	대한민국

- 4번 문제는 번호에 따라 정답과 URL을 아래와 같이 답안파일에 정확히 기록하십시오(URL은 정답을 확인할 수 있는 최종 URL을 기재하십시오).

	정답	ITQ 정보기술자격
문제4	URL	https://www.kpc.or.kr/certification/index.asp

- 4번 문제의 경우 개인 홈페이지나 블로그, 지식 검색(예 : 지식iN, 위키피디아 등)과 같이 개인 사견이 들어 있는 사이트, 첨부파일은 정답으로 인정하지 않습니다.

- 9번의 이미지 파일은 인터넷 답안지에 삽입한 후 반드시 지정된 이미지 크기로 변경하시기 바랍니다.

- 문제에서 제시한 단위, Full name 등의 조건에 맞도록 답안을 작성하시기 바랍니다.

인터넷 윤리

※ 문제에 대한 적절한 내용의 번호를 골라 답안지에 기재하시오.

문제 1 다음 중 휴대전화 스팸방지 수칙으로 옳지 <u>않은</u> 것은?

① 단말기에 등록된 전화번호 이외의 모든 번호는 착신거부 설정하기
② 불필요한 전화광고 수신에 동의하지 않기
③ 스팸으로 의심되는 경우 응답하지 않기
④ 스팸을 통해서는 제품구매나 서비스 이용을 하지 않기

문제 2 다음 중 안전한 금융거래를 위한 수칙으로 옳은 것은?

① 출처가 불분명한 메일이나 게시물은 무조건 삭제하지 말고 반드시 확인 후 삭제한다.
② 금융계좌, 신용카드 등의 각종 비밀번호는 모두 동일하게 하고 5년에 한 번씩 변경한다.
③ 전자금융거래 이용내역을 본인에게 즉시 알려주는 휴대폰 서비스 등을 적극적으로 이용한다.
④ 공인인증서의 분실을 방지하기 위해 이동식 저장장치에 보관하는 것보다는 하드디스크에 보관한다.

인터넷 검색

일반검색 I (각 10점)

문제 3 다음 제74회 칸영화제(Cannes Film Festival, 2021)의 수상작품을 〈보기〉에서 찾아 해당 번호를 답안지에 적으시오(번호).

문제 3-1) 심사위원 대상(Grand Prix) ··· (   )
문제 3-2) 감독상(Best Director) ··· (   )
문제 3-3) 각본상(Best Screenplay) ·· (   )

〈보기〉
① 아헤즈 니(Ahed's Knee)　　② 어 히어로(A Hero)　　③ 아네트(Annette)
④ 드라이브 마이 카(Drive My Car)　　⑤ 티탄(Titane)

문제 4 1958년부터 현재까지 지구 대기 중 이산화탄소(CO_2) 농도 증가세를 나타내는 그래프로, 지구온난화를 상징한다. 이 그래프는 하와이 마우나로아 관측소에서 측정한 이산화탄소의 농도가 1958년 5월 29일 처음 기록했을 때(313ppm)부터 지금까지 지속적으로 증가하고 있음을 보여준다. 이 그래프를 **무엇**이라 하는지 검색하시오(정답, URL).

문제 5 지난 겨울은 지구온난화의 영향으로 기온 변동이 컸고 기상이변이 잦았다. 기상청 보성군 무인관서에서 관측한 2023년 1월의 **총 강수량**(단위: mm 소수 첫째 자리까지 표시)을 검색하시오(정답).

가로 · 세로 정보검색 (각 30점)

※ 아래 각 문제의 설명을 읽고 가로 · 세로에 알맞은 단어를 답안에 기재하시오(정답).

			⑥
⑦			
⑧			

문제 6 (세로) 조선 정조 12년에 유의양이 왕명을 받아 예조가 관장하는 모든 예제와 예무를 오례로 나누어 총정리하여 편찬한 책의 **이름**을 검색하시오.

문제 7 (세로) '제철에 뒤져 맞지 아니하다'를 이르는 **우리말**을 검색하시오.

문제 8 (가로) '밑천이 많은 사람이 장사도 잘함'을 이르는 **사자성어**를 검색하시오.

실용검색 (각 50점)

문제 9 길 찾기 서비스(포털 및 전문 검색사이트)를 이용하여 **황토현전적지**에서 **보물 제309호**를 도보로 가는 지도 경로를 찾아 전체화면(길 찾기 검색화면, 경로 포함)을 캡처하여 답안 파일에 붙여 넣으시오(이미지 크기 150mm x 100mm).

문제 10 한국은행은 우리나라 자연환경의 아름다움과 생태 보전의 중요성을 널리 알리기 위해 2022년 2월 '한국의 국립공원 기념주화' 3종을 발행하였다. 이 중에서 만물상과 해인사가 기념주화에 들어간 국립공원의 **이름**을 검색하시오(정답).

문제 11 축산물이력제는 소·돼지·닭/오리/계란을 도축부터 판매에 이르기까지 정보를 기록·관리하여 위생·안전의 문제를 사전에 방지하고, 문제가 발생할 경우에 그 이력을 추적하여 신속하게 대처하기 위한 제도이다. 이력번호 「002 1559 4295 7」인 소 개체의 **출생년월일**을 검색하시오(정답).

정보 가공   **70**점

※ 제시된 주제에 따라 답안을 완성하시오.

문제 12 독도박물관은 독도의 모습을 알리기 위해 매년 공동기획전을 개최해 오고 있으며 올해에는 부산에서 전시를 선보인다. 독도박물관/안용복기념관에 대한 정보를 검색하여 다음의 안내문 내용을 완성하시오.

울릉군 독도박물관/안용복기념관	
(12-1) 독도박물관 특별전시회 '검찰의 길' 포스터 **이미지**	(12-2) 야외독도박물원 **위치** (12-3) 천연기념물 '독도 천연보호구역' **지정(등록)**일(연월일) (12-4) 안용복기념관 **주소**(도로명)

모의고사 9회

정답 파일 Part 3 모의고사₩모의고사 9회 답안.hwp

과목	코드	문제유형	시험시간	수험번호	성명
인터넷	1152	B	60분	20244009	홍길동

············· **수험자 유의사항** ·············

- 수험자는 문제지를 받는 즉시 **응시하고자 하는 과목의 문제지가 맞는지 확인**하여야 합니다.

- 시험과 직접 관련이 없는 행위 즉, 각종 웹사이트 로그인, 댓글 달기, 게시, 자료 업로드 등의 행위 또는 답안 내역을 보조기억장치 및 기타 통신수단(게시판, 이메일, 메신저, 네트워크 등)을 이용하여 타인에게 전달 또는 외부로 반출하는 경우는 자격기본법 제32 에 의거 부정행위로 간주되어 본 시험 및 국가공인 자격시험을 2년간 응시할 수 없습니다.

- 내 PC₩문서₩ITQ 폴더의 "답안파일-인터넷.hwp"파일을 열어 파일 이름을 "수험번호-성명-인터넷.hwp"로 답안폴더에 다시 저장한 후 답안 작성을 시작하여야 하며, 답안 문서 파일명이 일치하지 않을 경우 실격 처리됩니다(예 : 12345678-홍길동-인터넷. hwp).
  (시험시 제공되는 답안파일 양식을 사용하지 않을 경우에는 0점 처리됨)

- 답안 작성을 마치면 파일을 저장하고, '답안 전송' 버튼을 선택하여 감독위원 PC로 답안을 전송하십시오. 수험자 정보와 저장한 파일명이 다를 경우 전송되지 않으므로 주의하시기 바랍니다.

- 답안 작성 중에도 **주기적으로 저장하고 답안을 전송**하여야 문제 발생을 줄일 수 있습니다. 작업한 내용을 저장하지 않고 전송할 경우 이전에 저장된 내용이 전송되오니 이점 유의하시기 바랍니다.

- 시험 중 부주의 또는 고의로 시스템을 파손한 경우는 수험자가 변상해야 하며, 〈수험자 유의사항〉에 기재된 방법대로 이행하지 않아 생기는 불이익은 수험자 당사자의 책임임을 알려 드립니다.

- 시험을 완료한 수험자는 답안파일이 전송되었는지 확인한 후 감독위원의 지시에 따라 문제지를 제출하고 퇴실합니다.

············· **답안 작성요령** ·············

- 온라인 답안 작성 절차
  수험자 등록 ⇒ 시험 시작 ⇒ 답안파일 저장 ⇒ 답안 전송 ⇒ 시험 종료

- 시험 시작 전 시험과 무관한 프로그램의 실행을 중지시켜 주시기 바랍니다(채팅, 파일공유 등).

- 문제에 (정답)이라고 표시되어 있으면 정답만을 작성란에 기재하고, (정답, URL)이라고 표시되어 있으면 정답과 함께 URL을 반드시 기재하시기 바랍니다. 이를 준수하지 않을 경우 감점, 오답 처리 등 불이익이 있을 수 있습니다.

- 문제 번호에 따라 정답을 아래와 같이 답안파일에 정확히 기록하십시오.

문제번호		답안
문제6	정답	대한민국

- 4번 문제는 번호에 따라 정답과 URL을 아래와 같이 답안파일에 정확히 기록하십시오(URL은 정답을 확인할 수 있는 최종 URL을 기재하십시오).

문제4	정답	ITQ 정보기술자격
	URL	https://www.kpc.or.kr/certification/index.asp

- 4번 문제의 경우 개인 홈페이지나 블로그, 지식 검색(예 : 지식iN, 위키피디아 등)과 같이 개인 사견이 들어 있는 사이트, 첨부파일은 정답으로 인정하지 않습니다.

- 9번의 이미지 파일은 인터넷 답안지에 삽입한 후 반드시 지정된 이미지 크기로 변경하시기 바랍니다.

- 문제에서 제시한 단위, Full name 등의 조건에 맞도록 답안을 작성하시기 바랍니다.

※ 문제에 대한 적절한 내용의 번호를 골라 답안지에 기재하시오.

문제 1 다음 중 불법 소프트웨어 단속대상인 것은?

① 다운로드 소프트웨어를 구매 후 USB에 저장한 경우
② 개인이 기업용 소프트웨어를 구매해 사용하는 경우
③ 인터넷에서 프리웨어를 두 번 다운로드 받은 경우
④ 보유 소프트웨어의 상위 버전을 사용하는 경우

문제 2 다음 중 파밍(pharming)의 수법을 나타내고 있는 것은?

① 금융기관을 가장해 온 이메일로 인터넷 사이트에서 개인금융 정보를 입력
② 검색엔진에서 은행을 검색하여 접속했는데 위조사이트로 이동하여 개인금융 정보를 입력
③ 문자 메시지의 인터넷주소 클릭하면 악성코드가 설치되어 피해자가 모르는 사이에 소액결제 피해 발생
④ 엄청난 양의 접속신호를 한 사이트에 집중적으로 보냄으로써 상대 컴퓨터의 서버를 접속 불능상태로 만들어 버리는 해킹

인터넷 검색   **370**점

일반검색 I (각 10점)

문제 3 다음 제22회 전주국제영화제(Jeonju International Film Festival)의 수상작품을 〈보기〉에서 찾아 해당 번호를 답안지에 적으시오(번호).

문제 3-1) 국제경쟁 대상 수상작(Grand Prize) ·· (　　)
문제 3-2) 국제경쟁 작품상 수상작(Best Picture Prize) ························· (　　)
문제 3-3) 국제경쟁 심사위원특별상 수상작(Special Jury Prize) ··········· (　　)

〈보기〉
① 저항의 풍경   ② 오토바이와 햄버거   ③ 파편
④ 마리아와 비욘세   ⑤ 친구들과 이방인들

문제 4 작가 프란스 요한슨이 처음 제시한 용어로 서로 다른 이질적인 분야를 접목하여 창조적 · 혁신적 아이디어를 창출해내는 기업 경영방식을 **무엇**이라 하는지 검색하시오(정답, URL).

문제 5 통계청이 전입신고서를 분석한 '2022년 국내 인구이동 통계'를 보면 국내에서 주소지를 옮긴 인구이동자는 615만 2,000명으로 전년대비 106만 1,000명이 감소했다. 충청남도의 2023년 1월 **순이동 수**(단위: 명)를 검색하시오(정답).

가로 · 세로 정보검색 (각 30점)

※ 아래 각 문제의 설명을 읽고 가로 · 세로에 알맞은 단어를 답안에 기재하시오(정답).

	⑥		
	⑦		
⑧			

문제 6 (세로) '조금도 축나거나 버릴 것이 없이'를 이르는 우리말을 검색하시오.

문제 7 (가로) ≪세종실록≫ 44권에 전하는 것으로, 조선 세종 11년(1429)에 예조에서 임금의 만수무강을 축원하여 지은 경기체가를 검색하시오.

문제 8 (가로) '밤에 시작하여 낮까지 계속함'의 뜻으로, 어떤 일을 밤낮으로 쉬지 않고 함을 의미하는 사자성어를 검색하시오.

실용검색 (각 50점)

문제 9 길 찾기 서비스(포털 및 전문 검색사이트)를 이용하여 **경상북도 문화재자료 제176호**에서 **안동 천전리 추파고택**을 도보로 가는 지도 경로를 찾아 전체화면(길 찾기 검색화면, 경로 포함)을 캡처하여 답안 파일에 붙여 넣으시오
(이미지 크기 150mm x 100mm).

문제 10 튜링상(Turing Awards)은 컴퓨터 과학 분야에 업적을 남긴 사람에게 매년 시상하는 상으로 ACM (Association for Computing Machinery) 연례 회의에서 시상식을 하는데 여기서 수상자가 기념 강연을 한다. 2021년 튜링상 수상자의 **이름**을 검색하시오(정답).

문제 11 한국도로공사 홈페이지에서 통행요금조회를 찾아 부여(출발요금소)–속사(도착요금소) 간 286.52km를 고속도로를 이용할 경우 1종(소형차)으로 구분되는 일반승용차의 **통행요금**(현금 정상요금, 단위: 원)을 검색하시오(정답).

정보 가공   **70**점

※ 제시된 주제에 따라 답안을 완성하시오.

문제 12 문화체육관광부는 2014년부터 매년 독서문화 진흥에 앞장서는 지자체 한 곳을 선정하고 해당 지역에서 전국 규모의 독서축제인 '독서대전'을 개최해 왔으며, 2023년은 고양시에서 '2023 대한민국 독서대전(이하 독서대전)이 개최된다. 대한민국 책의 도시에 대한 정보를 검색하여 다음의 안내문 내용을 완성하시오.

2023 대한민국 책의 도시 – 고양시	
(12–1) 고양시 고양이캐릭터 볼하트 포즈 **이미지**	(12–2) 2023 대한민국 독서대전 **본 행사 개최기간**(월일~월일) (12–3) 2023 대한민국 독서대전 **슬로건** (12–4) 2014년 대한민국 책의 도시 **선정도시**(도시명)

모의고사 10회

정답 파일 Part 3 모의고사₩모의고사 10회 답안.hwp

과목	코드	문제유형	시험시간	수험번호	성명
인터넷	1152	B	60분	20244010	홍길동

수험자 유의사항

- 수험자는 문제지를 받는 즉시 **응시하고자 하는 과목의 문제지가 맞는지 확인**하여야 합니다.

- 시험과 직접 관련이 없는 행위 즉, 각종 웹사이트 로그인, 댓글 달기, 게시, 자료 업로드 등의 행위 또는 답안 내역을 보조기억장치 및 기타 통신수단(게시판, 이메일, 메신저, 네트워크 등)을 이용하여 타인에게 전달 또는 외부로 반출하는 경우는 자격기본법 제32 에 의거 부정행위로 간주되어 본 시험 및 국가공인 자격시험을 2년간 응시할 수 없습니다.

- 내 PC₩문서₩ITQ 폴더의 "답안파일-인터넷.hwp"파일을 열어 파일 이름을 "수험번호-성명-인터넷.hwp"로 답안폴더에 다시 저장한 후 답안 작성을 시작하여야 하며, 답안 문서 파일명이 일치하지 않을 경우 실격 처리됩니다(예 : 12345678-홍길동-인터넷. hwp).
  (시험시 제공되는 답안파일 양식을 사용하지 않을 경우에는 0점 처리됨)

- 답안 작성을 마치면 파일을 저장하고, '답안 전송' 버튼을 선택하여 감독위원 PC로 답안을 전송하십시오. 수험자 정보와 저장한 파일명이 다를 경우 전송되지 않으므로 주의하시기 바랍니다.

- 답안 작성 중에도 **주기적으로 저장하고 답안을 전송**하여야 문제 발생을 줄일 수 있습니다. 작업한 내용을 저장하지 않고 전송할 경우 이전에 저장된 내용이 전송되오니 이점 유의하시기 바랍니다.

- 시험 중 부주의 또는 고의로 시스템을 파손한 경우는 수험자가 변상해야 하며, 〈수험자 유의사항〉에 기재된 방법대로 이행하지 않아 생기는 불이익은 수험자 당사자의 책임임을 알려 드립니다.

- 시험을 완료한 수험자는 답안파일이 전송되었는지 확인한 후 감독위원의 지시에 따라 문제지를 제출하고 퇴실합니다.

답안 작성요령

- 온라인 답안 작성 절차
  수험자 등록 ⇒ 시험 시작 ⇒ 답안파일 저장 ⇒ 답안 전송 ⇒ 시험 종료

- 시험 시작 전 시험과 무관한 프로그램의 실행을 중지시켜 주시기 바랍니다(채팅, 파일공유 등).

- 문제에 (정답)이라고 표시되어 있으면 정답만을 작성란에 기재하고, (정답, URL)이라고 표시되어 있으면 정답과 함께 URL을 반드시 기재하시기 바랍니다. 이를 준수하지 않을 경우 감점, 오답 처리 등 불이익이 있을 수 있습니다.

- 문제 번호에 따라 정답을 아래와 같이 답안파일에 정확히 기록하십시오.

문제번호		답안
문제6	정답	대한민국

- 4번 문제는 번호에 따라 정답과 URL을 아래와 같이 답안파일에 정확히 기록하십시오(URL은 정답을 확인할 수 있는 최종 URL을 기재하십시오).

문제4	정답	ITQ 정보기술자격
	URL	https://www.kpc.or.kr/certification/index.asp

- 4번 문제의 경우 개인 홈페이지나 블로그, 지식 검색(예 : 지식iN, 위키피디아 등)과 같이 개인 사건이 들어 있는 사이트, 첨부파일은 정답으로 인정하지 않습니다.

- 9번의 이미지 파일은 인터넷 답안지에 삽입한 후 반드시 지정된 이미지 크기로 변경하시기 바랍니다.

- 문제에서 제시한 단위, Full name 등의 조건에 맞도록 답안을 작성하시기 바랍니다.

60점, 각 **30**점

※ 문제에 대한 적절한 내용의 번호를 골라 답안지에 기재하시오.

문제1 다음 중 정보통신망법에서 보호하는 개인정보의 범위가 <u>아닌</u> 것은?

① 자격증 보유내역
② 얼굴, 지문, 음성
③ 법인의 상호, 영업소재지
④ 도서 및 비디오 등의 대여기록

문제2 다음 중 개인정보 오남용 피해 방지를 위한 방법으로 옳지 <u>않은</u> 것은?

① P2P 공유폴더에 개인정보를 저장하지 않는다.
② 개인정보는 가장 가까운 친구에게만 정보를 공유한다.
③ 회원가입을 할 때는 개인정보처리방침 및 약관을 꼼꼼히 살핀다.
④ 여러 사람이 함께 사용하는 컴퓨터에서는 금융거래를 이용하지 않는다.

인터넷 검색 **370**점

일반검색 I (각 10점)

문제3 다음 제38회 부산국제단편영화제(Busan International Short Film Festival, 2021)의 수상작품을 〈보기〉에서 찾아 해당 번호를 답안지에 적으시오(번호).

　　문제 3-1) 최우수작품상-국제경쟁 수상작 ⋯⋯⋯⋯⋯⋯⋯⋯⋯⋯⋯⋯⋯⋯⋯⋯ (　　)
　　문제 3-2) 우수작품상-국제경쟁 수상작 ⋯⋯⋯⋯⋯⋯⋯⋯⋯⋯⋯⋯⋯⋯⋯⋯⋯ (　　)
　　문제 3-3) 심사위원특별상-국제경쟁 수상작 ⋯⋯⋯⋯⋯⋯⋯⋯⋯⋯⋯⋯⋯⋯⋯ (　　)

〈보기〉
① 족장 알–싯　　　② 조지아　　　　③ 삶의 끝에서 나눈 대화
④ 벨라　　　　　　⑤ 부엉이

문제 4 소프트웨어를 통해 개방된 무선 접속망을 구현하는 표준형을 도입하는 기술로 특정 장비에 의존하지 않도록 소프트웨어를 통해 인터페이스를 표준화하는 것을 뜻한다. 이것의 **용어**를 검색하시오(정답, URL).

문제 5 한국은행이 발표한 '2023년 1월 생산자물가지수'에 따르면 생산자물가지수는 120.25로 전월대비 0.46 상승했다. 2023년 1월 참외의 **생산자물가지수**(품목별)(2015=100, 소수 둘째 자리까지 표시)를 검색하시오(정답).

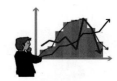

※ 아래 각 문제의 설명을 읽고 가로 · 세로에 알맞은 단어를 답안에 기재하시오(정답).

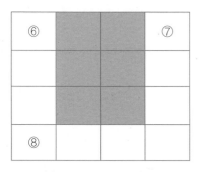

문제 6 (세로) '서로 너니 나니 하고 부르며 허물없이 말을 건넴 또는 그런 사이'를 이르는 **우리말**을 검색하시오.

문제 7 (세로) '조선 시대에, 베이징으로 가던 사신'을 이르는 **말**을 검색하시오.

문제 8 (가로) 재물로써 출세함을 이르는 **사자성어**를 검색하시오.

문제 9 길 찾기 서비스(포털 및 전문 검색사이트)를 이용하여 **안동의성김씨종택**에서 **경상북도 기념물 제137호**를 도보로 가는 지도 경로를 찾아 전체화면(길 찾기 검색화면, 경로 포함)을 캡처하여 답안 파일에 붙여 넣으시오(이미지 크기 150mm x 100mm).

문제 10 아벨상(Abel Prize)은 노르웨이의 수학자 닐스 헨리크 아벨의 이름을 딴 상으로, 노르웨이 왕실에서 수여하는 수학 분야의 상이다. 2022년 아벨상 수상자의 **이름**을 검색하시오(정답).

문제 11 국립농산물품질관리원 친환경 인증관리정보시스템에서는 무농약, 유기농산물, 유기축산물, 무항생제축산물, 친환경인증을 받은 농축산물에 대한 인증정보를 알아볼 수 있다. 인증번호 "14200016"의 **농장소재지**(도 · 군)를 검색하시오(정답).

정보 가공　　　　　　　　　　　　　　　　　　　　　　　　**70**점

※ 제시된 주제에 따라 답안을 완성하시오.

문제 12 한국만화박물관은 3종의 등록문화재를 소장 · 전시하고 있으며, 등록문화재를 활용한 다양한 프로그램을 운영하고 있다. 한국만화박물관에 대한 정보를 검색하여 다음의 안내문 내용을 완성하시오.

한국만화박물관	
(12-1) 한국만화박물관 CI **이미지**	(12-2) 한국만화박물관 **도로명 주소** (12-3) 한국만화박물관에 소장 · 전시 중인 국가등록문화재 제537호 **이름**(명칭) (12-4) 20세 이상 부천시민의 **관람료**(단위: 원)

"

추구할 수 있는
용기가 있다면
우리의 모든 꿈은
이뤄질 수 있다.

"

- 월트디즈니 -

PART 04

기출문제

기출문제 1회

정답 파일 Part 4 기출문제\기출문제 1회 답안.hwp

과목	코드	문제유형	시험시간	수험번호	성명
인터넷	1152	B	60분	20244011	홍길동

수험자 유의사항

- 수험자는 문제지를 받는 즉시 **응시하고자 하는 과목의 문제지가 맞는지 확인**하여야 합니다.

- 시험과 직접 관련이 없는 행위 즉, 각종 웹사이트 로그인, 댓글 달기, 게시, 자료 업로드 등의 행위 또는 답안 내역을 보조기억장치 및 기타 통신수단(게시판, 이메일, 메신저, 네트워크 등)을 이용하여 타인에게 전달 또는 외부로 반출하는 경우는 자격기본법 제32에 의거 부정행위로 간주되어 본 시험 및 국가공인 자격시험을 2년간 응시할 수 없습니다.

- 내 PC\문서\ITQ 폴더의 "답안파일-인터넷.hwp"파일을 열어 파일 이름을 "수험번호-성명-인터넷.hwp"로 답안폴더에 다시 저장한 후 답안 작성을 시작하여야 하며, 답안 문서 파일명이 일치하지 않을 경우 실격 처리됩니다(예 : 12345678-홍길동-인터넷.hwp).
  (시험시 제공되는 답안파일 양식을 사용하지 않을 경우에는 0점 처리됨)

- 답안 작성을 마치면 파일을 저장하고, '답안 전송' 버튼을 선택하여 감독위원 PC로 답안을 전송하십시오. 수험자 정보와 저장한 파일명이 다를 경우 전송되지 않으므로 주의하시기 바랍니다.

- 답안 작성 중에도 **주기적으로 저장하고 답안을 전송**하여야 문제 발생을 줄일 수 있습니다. 작업한 내용을 저장하지 않고 전송할 경우 이전에 저장된 내용이 전송되오니 이점 유의하시기 바랍니다.

- 시험 중 부주의 또는 고의로 시스템을 파손한 경우는 수험자가 변상해야 하며, 〈수험자 유의사항〉에 기재된 방법대로 이행하지 않아 생기는 불이익은 수험자 당사자의 책임임을 알려 드립니다.

- 시험을 완료한 수험자는 답안파일이 전송되었는지 확인한 후 감독위원의 지시에 따라 문제지를 제출하고 퇴실합니다.

답안 작성요령

- 온라인 답안 작성 절차
  수험자 등록 ⇒ 시험 시작 ⇒ 답안파일 저장 ⇒ 답안 전송 ⇒ 시험 종료

- 시험 시작 전 시험과 무관한 프로그램의 실행을 중지시켜 주시기 바랍니다(채팅, 파일공유 등).

- 문제에 (정답)이라고 표시되어 있으면 정답만을 작성란에 기재하고, (정답, URL)이라고 표시되어 있으면 정답과 함께 URL을 반드시 기재하시기 바랍니다. 이를 준수하지 않을 경우 감점, 오답 처리 등 불이익이 있을 수 있습니다.

- 문제 번호에 따라 정답을 아래와 같이 답안파일에 정확히 기록하십시오.

문제번호		답안
문제6	정답	대한민국

- 4번 문제는 번호에 따라 정답과 URL을 아래와 같이 답안파일에 정확히 기록하십시오(URL은 정답을 확인할 수 있는 최종 URL을 기재하십시오).

문제4	정답	ITQ 정보기술자격
	URL	https://www.kpc.or.kr/certification/index.asp

- 4번 문제의 경우 개인 홈페이지나 블로그, 지식 검색(예 : 지식iN, 위키피디아 등)과 같이 개인 사견이 들어 있는 사이트, 첨부파일은 정답으로 인정하지 않습니다.

- 9번의 이미지 파일은 인터넷 답안지에 삽입한 후 반드시 지정된 이미지 크기로 변경하시기 바랍니다.

- 문제에서 제시한 단위, Full name 등의 조건에 맞도록 답안을 작성하시기 바랍니다.

※ 문제에 대한 적절한 내용의 번호를 골라 답안지에 기재하시오.

문제 1 다음 중 휴대전화 스팸방지 수칙으로 옳은 것은?

> ① TV홈쇼핑 주문 시 휴대폰으로 주문하지 않기
> ② 인터넷 회원가입 시 전화 광고 수신에 모두 동의하기
> ③ 단말기에 등록된 전화번호 이외의 모든 번호는 착신거부 설정하기
> ④ 스팸으로 의심되는 경우 응답하지 않기

문제 2 다음 중 안전한 전자금융거래 사용법으로 옳지 <u>않은</u> 것은?

> ① 공동인증서는 USB 등 이동식 저장장치에 보관한다.
> ② 전자금융거래 이용 내역을 본인에게 즉시 알려주는 휴대폰 서비스를 이용한다.
> ③ 금융계좌, 금융인증서 등의 각종 비밀번호는 동일하게 설정한다.
> ④ 은행에서 제공하는 보안프로그램 설치하고 최신으로 업데이트한다.

인터넷 검색   **370**점

일반검색 I (각 10점)

문제 3 제19회 한국대중음악상 수상자를 〈보기〉에서 찾아 해당 번호를 답안지에 적으시오(번호).

문제 3-1) 올해의 음반 ·· (   )
문제 3-2) 올해의 음악인 ·· (   )
문제 3-3) 최우수팝-음반 ··· (   )

〈보기〉
① 이랑   ② aespa   ③ 이무진
④ 방탄소년단(BTS)   ⑤ 아이유

문제 4 탈중앙화된 금융 시스템을 일컫는 말로, 정부나 기업 등 중앙기관의 통제 없이 인터넷 연결만 가능하면 블록체인 기술로 다양한 금융 서비스를 제공하는 것을 뜻한다. 이것을 일컫는 **용어**를 검색하시오(정답, URL).

문제 5 2023년 삼일절에 기상청 천안 무인관서에서 관측한 **일최고기온**(단위: ℃ 소수 첫째 자리까지 표시)을 검색하시오(정답).

※ 아래 각 문제의 설명을 읽고 가로 · 세로에 알맞은 단어를 답안에 기재하시오(정답).

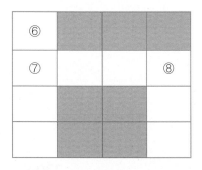

문제 6 (세로) '그물이 없으면서 고기를 얻고 싶어한다'라는 뜻으로, 얻을 수단이 없으면서 무엇을 갖고 싶어 함을 의미하는 **사자성어**를 검색하시오.

문제 7 (가로) 키가 크고 몸집이 큰 사람을 놀림조로 이르는 **우리말**을 검색하시오.

문제 8 (세로) 신라 때의 무관 벼슬로 군사 조직의 기본 단위인 당(幢)을 거느렸다. 이것은 **무엇**인지 검색하시오.

문제 9 길 찾기 서비스(포털 및 전문 검색사이트)를 이용하여 **경주 첨성대**에서 **국립경주박물관 정문**을 도보로 가는 지도 경로를 찾아 전체화면(길 찾기 검색화면, 경로 포함)을 캡처하여 답안 파일에 붙여 넣으시오(이미지 크기 150mm x 100mm).

문제 10 세계스카우트 잼버리는 세계스카우트연맹이 4년마다 개최하는 전 세계적인 청소년 야영축제 활동으로, 이를 기념하기 위해 2023 새만금 「제25회 세계스카우트잼버리」 기념주화를 발행했다. 기념주화 디자인으로 사용된 공식 캐릭터의 **이름**을 검색하시오(정답).

문제 11 COFIX(Cost of Funds Index)는 은행들의 자금조달 관련 정보를 기초로 산출되는 자금조달비용지수로, '신규취급액기준 COFIX', '잔액기준 COFIX', '신 잔액기준 COFIX', '단기 COFIX'로 구분하여 공시된다. 대상월 2023년 2월(공시일: 2023년 3월 15일)의 **잔액기준 COFIX**(단위: %)를 검색하시오(정답).

정보 가공   **70**점

※ 제시된 주제에 따라 답안을 완성하시오.

문제 12 2005년 10월 개관한 국립중앙박물관은 한국의 문화유산을 보존 및 전시, 교육을 목적으로 건립된 문화체육관광부 산하의 국립박물관이다. 국립중앙박물관에 대한 정보를 검색하여 다음의 안내문 내용을 완성하시오.

국립중앙박물관	
(12-1) '합스부르크 600년, 매혹의 걸작들' 특별전 포스터 **이미지**	(12-2) '외규장각 의궤, 그 고귀함의 의미' 특별전 **전시기간**(연월일~연월일) (12-3) 2023년 계묘년 맞이 "토끼를 찾아라" 테마전 통일신라실 **전시품** (12-4) 국립중앙박물관 **주소**(도로명)

정답 파일 Part 4 기출문제\기출문제 2회 답안.hwp

과목	코드	문제유형	시험시간	수험번호	성명
인터넷	1152	B	60분	20244012	홍길동

수험자 유의사항

- 수험자는 문제지를 받는 즉시 **응시하고자 하는 과목의 문제지가 맞는지 확인**하여야 합니다.
- 시험과 직접 관련이 없는 행위 즉, 각종 웹사이트 로그인, 댓글 달기, 게시, 자료 업로드 등의 행위 또는 답안 내역을 보조기억장치 및 기타 통신수단(게시판, 이메일, 메신저, 네트워크 등)을 이용하여 타인에게 전달 또는 외부로 반출하는 경우는 자격기본법 제32 에 의거 부정행위로 간주되어 본 시험 및 국가공인 자격시험을 2년간 응시할 수 없습니다.
- 내 PC\문서\ITQ 폴더의 "답안파일–인터넷.hwp"파일을 열어 파일 이름을 "수험번호–성명–인터넷.hwp"로 답안폴더에 다시 저장한 후 답안 작성을 시작하여야 하며, 답안 문서 파일명이 일치하지 않을 경우 실격 처리됩니다(예 : 12345678–홍길동–인터넷. hwp).
  (시험시 제공되는 답안파일 양식을 사용하지 않을 경우에는 0점 처리됨)
- 답안 작성을 마치면 파일을 저장하고, '답안 전송' 버튼을 선택하여 감독위원 PC로 답안을 전송하십시오. 수험자 정보와 저장한 파일명이 다를 경우 전송되지 않으므로 주의하시기 바랍니다.
- 답안 작성 중에도 **주기적으로 저장하고 답안을 전송**하여야 문제 발생을 줄일 수 있습니다. 작업한 내용을 저장하지 않고 전송할 경우 이전에 저장된 내용이 전송되오니 이점 유의하시기 바랍니다.
- 시험 중 부주의 또는 고의로 시스템을 파손한 경우는 수험자가 변상해야 하며, 〈수험자 유의사항〉에 기재된 방법대로 이행하지 않아 생기는 불이익은 수험자 당사자의 책임임을 알려 드립니다.
- 시험을 완료한 수험자는 답안파일이 전송되었는지 확인한 후 감독위원의 지시에 따라 문제지를 제출하고 퇴실합니다.

답안 작성요령

- 온라인 답안 작성 절차
  수험자 등록 ⇒ 시험 시작 ⇒ 답안파일 저장 ⇒ 답안 전송 ⇒ 시험 종료
- 시험 시작 전 시험과 무관한 프로그램의 실행을 중지시켜 주시기 바랍니다(채팅, 파일공유 등).
- 문제에 (정답)이라고 표시되어 있으면 정답만을 작성란에 기재하고, (정답, URL)이라고 표시되어 있으면 정답과 함께 URL을 반드시 기재하시기 바랍니다. 이를 준수하지 않을 경우 감점, 오답 처리 등 불이익이 있을 수 있습니다.
- 문제 번호에 따라 정답을 아래와 같이 답안파일에 정확히 기록하십시오.

문제번호		답안
문제6	정답	대한민국

- 4번 문제는 번호에 따라 정답과 URL을 아래와 같이 답안파일에 정확히 기록하십시오(URL은 정답을 확인할 수 있는 최종 URL을 기재하십시오).

문제4	정답	ITQ 정보기술자격
	URL	https://www.kpc.or.kr/certification/index.asp

- 4번 문제의 경우 개인 홈페이지나 블로그, 지식 검색(예 : 지식iN, 위키피디아 등)과 같이 개인 사견이 들어 있는 사이트, 첨부파일은 정답으로 인정하지 않습니다.
- 9번의 이미지 파일은 인터넷 답안지에 삽입한 후 반드시 지정된 이미지 크기로 변경하시기 바랍니다.
- 문제에서 제시한 단위, Full name 등의 조건에 맞도록 답안을 작성하시기 바랍니다.

인터넷 윤리
60점, 각 **30**점

※ 문제에 대한 적절한 내용의 번호를 골라 답안지에 기재하시오.

문제 1 다음 중 인터넷 게시판 사용에 대한 예절로 옳지 <u>않은</u> 것은?

① 게시물에 질문을 하고 답변을 얻었으면 질문과 답변을 바로 삭제하고 나온다.
② 제목은 내용에 알맞게 사용한다.
③ 같은 내용은 반복해서 작성하지 않는다.
④ 문법과 맞춤법은 올바르게 사용한다.

문제 2 다음 중 컴퓨터 바이러스 감염을 예방하기 위한 방법으로 옳은 것은?

① 무료 바이러스 백신은 사용하지 않는다.
② 발신인을 알 수 없는 메일은 열어보고 삭제한다.
③ 백신 프로그램을 설치하고 주기적으로 점검한다.
④ 컴퓨터 하드디스크는 2개를 설치하여 사용한다.

인터넷 검색
370점

일반검색 I (각 10점)

문제 3 다음 해외공항의 IATA 공항코드를 〈보기〉에서 찾아 해당 번호를 답안지에 적으시오(번호).

문제 3-1) 일본–고베공항 ··· ( )
문제 3-2) 아랍에미리트–아부다비국제공항 ··· ( )
문제 3-3) 스위스–취리히국제공항 ·· ( )

〈보기〉
① FKS   ② MNL   ③ UKB
④ ZRH   ⑤ AUH

문제 4 이동통신사와 콘텐츠 제공자(CP : Content Provider)가 제휴를 맺고 특정 콘텐츠나 서비스에 대한 소비자 데이터 사용료를 면제 또는 할인하는 제도를 말한다. 이것을 **무엇**이라 하는지 검색하시오(정답, URL).

문제 5 만물이 겨울잠에서 깨어나는 시기인 경칩(驚蟄)이 오면 기온은 날마다 상승하며 마침내 봄으로 향하게 된다. 2023년 경칩에 기상청 안동 유인관서에서 관측한 **일최고기온**(단위: ℃ 소수 첫째 자리까지 표시)을 검색하시오(정답).

가로 · 세로 정보검색 (각 30점)

※ 아래 각 문제의 설명을 읽고 가로 · 세로에 알맞은 단어를 답안에 기재하시오(정답).

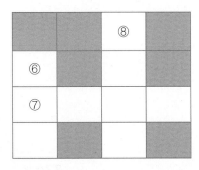

문제 6 (세로) '잘 구워지지 않아서 불을 붙이면 연기와 냄새가 나는 숯'을 이르는 **우리말**을 검색하시오.

문제 7 (가로) '뜰에서 가르친다'라는 뜻으로 아버지가 자식에게 사람의 도리를 가르치는 것을 의미하는 **사자성어**를 검색하시오.

문제 8 (세로) 조선 시대에, 과거의 권자와 홍패 · 백패에 찍던 임금의 도장을 말한다. 이것이 **무엇**인지 검색하시오.

실용검색 (각 50점)

문제 9 길 찾기 서비스(포털 및 전문 검색사이트)를 이용하여 **화성행궁**에서 **수원 전통문화관 예절교육관**을 도보로 가는 지도 경로를 찾아 전체화면(길 찾기 검색화면, 경로 포함)을 캡처하여 답안 파일에 붙여 넣으시오(이미지 크기 150mm x 100mm).

문제 10 세계지식재산권기구(WIPO, World Intellectual Property Organization)는 2007년부터 각국의 혁신역량을 측정하여 글로벌 혁신 지수(GII: Global Innovation Index)를 발표하고 있다. '2022 글로벌 혁신지수(Global Innovation Index)'에서 종합순위 3위를 차지한 **국가**(국가명)를 검색하시오(정답).

문제 11 이효석 문학상은 한국 근 · 현대 문학을 발전시키고 서정적인 작품으로 민족 정서를 순화시킨 소설가 이효석의 문학정신과 업적을 기리기 위해 제정되었다. 2022년 이효석 문학상 대상 **수상작**(작품명)을 검색하시오(정답).

정보 가공   **70**점

※ 제시된 주제에 따라 답안을 완성하시오.

문제 12 덕수궁은 서울 중구 정동에 있는 조선과 대한제국의 궁궐로써 옛 이름은 경운궁이다. 1904년 덕수궁 대화재와 1907년 고종의 강제퇴위 이후 그 규모가 대폭 축소되었고, 이때 덕수궁으로 이름 또한 바뀌게 되었다. 덕수궁에 대하여 검색하여 다음의 안내문 내용을 완성하시오.

덕수궁	
(12-1) 서울시 중구청 BI(브랜드 슬로건) **이미지**	(12-2) 4대궁 및 종묘 '궁궐 통합관람권' **관람요금**(단위: 원, 할인없음) (12-3) 덕수궁 왕궁수문장교대식 **행사장소** (12-4) 덕수궁의 **주소**(도로명)

정답 파일 Part 4 기출문제\기출문제 3회 답안.hwp

과목	코드	문제유형	시험시간	수험번호	성명
인터넷	1152	B	60분	20244013	홍길동

수험자 유의사항

- 수험자는 문제지를 받는 즉시 **응시하고자 하는 과목의 문제지가 맞는지 확인**하여야 합니다.

- 시험과 직접 관련이 없는 행위 즉, 각종 웹사이트 로그인, 댓글 달기, 게시, 자료 업로드 등의 행위 또는 답안 내역을 보조기억장치 및 기타 통신수단(게시판, 이메일, 메신저, 네트워크 등)을 이용하여 타인에게 전달 또는 외부로 반출하는 경우는 자격기본법 제32에 의거 부정행위로 간주되어 본 시험 및 국가공인 자격시험을 2년간 응시할 수 없습니다.

- 내 PC\문서\ITQ 폴더의 "답안파일-인터넷.hwp"파일을 열어 파일 이름을 "수험번호-성명-인터넷.hwp"로 답안폴더에 다시 저장한 후 답안 작성을 시작하여야 하며, 답안 문서 파일명이 일치하지 않을 경우 실격 처리됩니다(예 : 12345678-홍길동-인터넷.hwp).
(시험시 제공되는 답안파일 양식을 사용하지 않을 경우에는 0점 처리됨)

- 답안 작성을 마치면 파일을 저장하고, '답안 전송' 버튼을 선택하여 감독위원 PC로 답안을 전송하십시오. 수험자 정보와 저장한 파일명이 다를 경우 전송되지 않으므로 주의하시기 바랍니다.

- 답안 작성 중에도 **주기적으로 저장하고 답안을 전송**하여야 문제 발생을 줄일 수 있습니다. 작업한 내용을 저장하지 않고 전송할 경우 이전에 저장된 내용이 전송되오니 이점 유의하시기 바랍니다.

- 시험 중 부주의 또는 고의로 시스템을 파손한 경우는 수험자가 변상해야 하며, 〈수험자 유의사항〉에 기재된 방법대로 이행하지 않아 생기는 불이익은 수험자 당사자의 책임임을 알려 드립니다.

- 시험을 완료한 수험자는 답안파일이 전송되었는지 확인한 후 감독위원의 지시에 따라 문제지를 제출하고 퇴실합니다.

답안 작성요령

- 온라인 답안 작성 절차
수험자 등록 ⇒ 시험 시작 ⇒ 답안파일 저장 ⇒ 답안 전송 ⇒ 시험 종료

- 시험 시작 전 시험과 무관한 프로그램의 실행을 중지시켜 주시기 바랍니다(채팅, 파일공유 등).

- 문제에 (정답)이라고 표시되어 있으면 정답만을 작성란에 기재하고, (정답, URL)이라고 표시되어 있으면 정답과 함께 URL을 반드시 기재하시기 바랍니다. 이를 준수하지 않을 경우 감점, 오답 처리 등 불이익이 있을 수 있습니다.

- 문제 번호에 따라 정답을 아래와 같이 답안파일에 정확히 기록하십시오.

문제번호		답안
문제6	정답	대한민국

- 4번 문제는 번호에 따라 정답과 URL을 아래와 같이 답안파일에 정확히 기록하십시오(URL은 정답을 확인할 수 있는 최종 URL을 기재하십시오).

문제4	정답	ITQ 정보기술자격
	URL	https://www.kpc.or.kr/certification/index.asp

- 4번 문제의 경우 개인 홈페이지나 블로그, 지식 검색(예 : 지식iN, 위키피디아 등)과 같이 개인 사견이 들어 있는 사이트, 첨부파일은 정답으로 인정하지 않습니다.

- 9번의 이미지 파일은 인터넷 답안지에 삽입한 후 반드시 지정된 이미지 크기로 변경하시기 바랍니다.

- 문제에서 제시한 단위, Full name 등의 조건에 맞도록 답안을 작성하시기 바랍니다.

※ 문제에 대한 적절한 내용의 번호를 골라 답안지에 기재하시오.

문제 1 다음 중 안전한 전자금융거래 방법으로 옳지 <u>않은</u> 것은?

> ① 보안카드, 비밀번호 등의 정보는 다른 사람이 볼 수 있는 곳에 기록하지 않는다.
> ② 피시방 등 공용 컴퓨터에서는 금융거래를 하지 않는다.
> ③ 온라인 금융거래 이용 후, 이를 알려주는 휴대폰 문자서비스를 이용하지 않는다.
> ④ 금융기관 웹사이트 이용 시 제공되는 보안프로그램을 설치한다.

문제 2 다음 중 스마트폰 이용자 안전수칙으로 옳지 <u>않은</u> 것은?

> ① 블루투스 등 무선인터페이스는 사용 시에만 켜놓는다.
> ② 의심스러운 애플리케이션은 다운로드하지 않는다.
> ③ 다운로드한 파일은 바이러스 유무를 검사한 후 사용한다.
> ④ 스마트폰 플랫폼의 구조를 임의로 변경하여 사용한다.

인터넷 검색   **370**점

일반검색 I (각 10점)

문제 3 다음 책 제목의 ISBN을 〈보기〉에서 찾아 해당 번호를 답안지에 적으시오(번호).

문제 3-1) 아버지의 해방일지 ·· (　　)
문제 3-2) 우나의 고장난 시간 ·· (　　)
문제 3-3) 나를 나답게 만드는 것들 ··· (　　)

〈보기〉
① 9791188331796　　　② 9788936438838　　　③ 9791190242516
④ 9791135492402　　　⑤ 9791188053841

문제 4 제품의 가격을 깎고 흥정을 하며 할인 관련 정보를 서로 공유하는 소비 문화를 의미하며, 가격 흥정 자체를 목표로 삼아 계획된 현명함을 추구하는 소비 양상을 말한다. 이것을 일컫는 **용어**를 검색하시오(정답, URL).

문제 5 입춘(立春)은 새해의 첫째 절기로 태양의 황경(黃經)이 315도일 때를 말한다. 이날부터 봄이 시작된다. 2023년 입춘에 기상청 서산 무인관서에서 관측한 **일최고기온**(단위: ℃ 소수 첫째 자리까지 표시)을 검색하시오(정답).

※ 아래 각 문제의 설명을 읽고 가로 · 세로에 알맞은 단어를 답안에 기재하시오(정답).

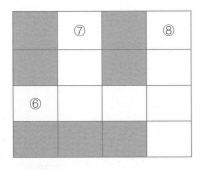

문제 6 (가로) '도요새와 조개의 싸움으로 어부에게 잡히고 말았다'라는 뜻으로, 제3자만 이롭게 하는 다툼을 의미하는 **사자성어**를 검색하시오.

문제 7 (세로) '염치가 없이 막된 사람'을 이르는 **우리말**을 검색하시오.

문제 8 (세로) 잉어과의 민물고기로 몸길이는 약 25cm이다. 모양은 모래무지와 비슷하나 몸은 가늘고 길며 거의 원통형이고 학명은 Saurogobio dabryi 이다. 이것은 **무엇**인지 검색하시오.

문제 9 길 찾기 서비스(포털 및 전문 검색사이트)를 이용하여 단양 **다누리아쿠아리움**에서 **단양 공설운동장**을 도보로 가는 지도 경로를 찾아 전체화면(길 찾기 검색화면, 경로 포함)을 캡처하여 답안 파일에 붙여 넣으시오(이미지 크기 150mm x 100mm).

문제 10 매년 스위스에서는 세계 최대의 경제포럼으로 불리는 세계경제포럼(WEF) 일명 다보스포럼이 개최된다. 경제발전 없이 사회발전은 불가능하고, 사회발전 없이 경제발전이 지속되지 못한다는 원칙으로 출발한 포럼이다. 2023 다보스포럼 연차총회의 **주제**를 검색하시오(정답).

문제 11 일제강점기 시절 성공한 사업가 삶을 뒤로하고 독립운동에 투신했던 김상옥 의사의 순국 100주년을 맞아 기념우표를 발행했다. 이 기념우표의 **디자이너**(성명)를 검색하시오(정답).

정보 가공   **70**점

※ 제시된 주제에 따라 답안을 완성하시오.

문제 12 국립항공박물관은 서울 강서구에 세워진 국내 최초로 선보인 항공 분야 국립박물관이다. 한인비행학교 개교 100주년에 맞춰 문을 열었고 항공역사, 항공산업, 항공생활, 야외전시, 기획전시로 나눠지며 국내, 해외의 항공역사를 자세하게 소개한다. 국립항공박물관에 대한 정보를 검색하여 다음의 안내문 내용을 완성하시오.

국립항공박물관	
(12-1) 강서구 BI(휘장) **이미지**	(12-2) 국립항공박물관의 **개관일**(연월일) (12-3) 국립항공박물관 조종관제체험 **요금**(일반, 단위: 원) (12-4) 국립항공박물관 **주소**(도로명)

기출문제 4회

정답 파일 Part 4 기출문제₩기출문제 4회 답안.hwp

과목	코드	문제유형	시험시간	수험번호	성명
인터넷	1152	B	60분	20244014	홍길동

수험자 유의사항

- 수험자는 문제지를 받는 즉시 **응시하고자 하는 과목의 문제지가 맞는지 확인**하여야 합니다.

- 시험과 직접 관련이 없는 행위 즉, 각종 웹사이트 로그인, 댓글 달기, 게시, 자료 업로드 등의 행위 또는 답안 내역을 보조기억장치 및 기타 통신수단(게시판, 이메일, 메신저, 네트워크 등)을 이용하여 타인에게 전달 또는 외부로 반출하는 경우는 자격기본법 제32 에 의거 부정행위로 간주되어 본 시험 및 국가공인 자격시험을 2년간 응시할 수 없습니다.

- 내 PC₩문서₩ITQ 폴더의 "답안파일-인터넷.hwp"파일을 열어 파일 이름을 "수험번호-성명-인터넷.hwp"로 답안폴더에 다시 저장한 후 답안 작성을 시작하여야 하며, 답안 문서 파일명이 일치하지 않을 경우 실격 처리됩니다(예 : 12345678-홍길동-인터넷. hwp). (시험시 제공되는 답안파일 양식을 사용하지 않을 경우에는 0점 처리됨)

- 답안 작성을 마치면 파일을 저장하고, '답안 전송' 버튼을 선택하여 감독위원 PC로 답안을 전송하십시오. 수험자 정보와 저장한 파일명이 다를 경우 전송되지 않으므로 주의하시기 바랍니다.

- 답안 작성 중에도 **주기적으로 저장하고 답안을 전송**하여야 문제 발생을 줄일 수 있습니다. 작업한 내용을 저장하지 않고 전송할 경우 이전에 저장된 내용이 전송되오니 이점 유의하시기 바랍니다.

- 시험 중 부주의 또는 고의로 시스템을 파손한 경우는 수험자가 변상해야 하며, 〈수험자 유의사항〉에 기재된 방법대로 이행하지 않아 생기는 불이익은 수험자 당사자의 책임임을 알려 드립니다.

- 시험을 완료한 수험자는 답안파일이 전송되었는지 확인한 후 감독위원의 지시에 따라 문제지를 제출하고 퇴실합니다.

답안 작성요령

- 온라인 답안 작성 절차
  수험자 등록 ⇒ 시험 시작 ⇒ 답안파일 저장 ⇒ 답안 전송 ⇒ 시험 종료

- 시험 시작 전 시험과 무관한 프로그램의 실행을 중지시켜 주시기 바랍니다(채팅, 파일공유 등).

- 문제에 (정답)이라고 표시되어 있으면 정답만을 작성란에 기재하고, (정답, URL)이라고 표시되어 있으면 정답과 함께 URL을 반드시 기재하시기 바랍니다. 이를 준수하지 않을 경우 감점, 오답 처리 등 불이익이 있을 수 있습니다.

- 문제 번호에 따라 정답을 아래와 같이 답안파일에 정확히 기록하십시오.

문제번호		답안
문제6	정답	대한민국

- 4번 문제는 번호에 따라 정답과 URL을 아래와 같이 답안파일에 정확히 기록하십시오(URL은 정답을 확인할 수 있는 최종 URL을 기재하십시오).

문제4	정답	ITQ 정보기술자격
	URL	https://www.kpc.or.kr/certification/index.asp

- 4번 문제의 경우 개인 홈페이지나 블로그, 지식 검색(예 : 지식iN, 위키피디아 등)과 같이 개인 사견이 들어 있는 사이트, 첨부파일은 정답으로 인정하지 않습니다.

- 9번의 이미지 파일은 인터넷 답안지에 삽입한 후 반드시 지정된 이미지 크기로 변경하시기 바랍니다.

- 문제에서 제시한 단위, Full name 등의 조건에 맞도록 답안을 작성하시기 바랍니다.

※ 문제에 대한 적절한 내용의 번호를 골라 답안지에 기재하시오.

문제 1 다음 중 랜섬웨어 예방수칙으로 옳지 <u>않은</u> 것은?

① 백신프로그램을 설치하고 정기적으로 바이러스 검사한다.
② 출처가 불명확한 이메일과 URL 링크는 실행하지 않는다.
③ 금융계좌, 금융인증서 등의 각종 비밀번호는 동일하게 설정한다.
④ 중요자료는 정기적으로 외장하드에 파일을 백업하여 사용한다.

문제 2 다음 중 인터넷 채팅 네티켓으로 옳지 <u>않은</u> 것은?

① 대화 상대를 부를 때 "님"을 붙이지 않고 편하게 부른다.
② 진행되는 주제에 맞는 대화를 한다.
③ 채팅 방에서 알게 된 잘 모르는 사람을 함부로 만나지 않는다.
④ 상대방에게 불쾌감을 주는 대화를 하지 않는다.

인터넷 검색   **370**점

일반검색 I (각 10점)

문제 3 제43회 청룡영화상 수상작을 〈보기〉에서 찾아 해당 번호를 답안지에 적으시오(번호).

문제 3-1) 신인감독상 ·· (   )
문제 3-2) 미술상 ·· (   )
문제 3-3) 기술상 ·· (   )

〈보기〉
① 킹메이커   ② 헌트   ③ 헤어질 결심
④ 범죄도시2   ⑤ 장르만 로맨스

일반검색II(각 50점)

문제 4 예술품을 구입 및 소유해 그 저작권료와 매매 차익을 얻을 수 있는 것은 물론 전문 갤러리에 위탁해 전시회·PPL 활동·이미지 사용·각종 협찬 등을 통한 부가적인 수익도 얻을 수 있는 투자방식을 말한다. 이것을 **무엇**이라 하는지 검색하시오(정답, URL).

문제 5 지난해 11월 해외여행을 떠난 내국인 수요가 100만 명을 넘어섰다. 출국자 수가 100만 명을 돌파한 것은 코로나19 확산 이후 처음이다. 같은 달 우리나라를 찾은 외래객 수요와는 두 배가량 차이를 보였다. 2022년 9월 외래객 입국자 중 관광을 목적으로 방문한 대만의 **외래객 입국자수**(단위: 명)를 검색하시오(정답).

가로·세로 정보검색 (각 30점)

※ 아래 각 문제의 설명을 읽고 가로·세로에 알맞은 단어를 답안에 기재하시오(정답).

⑥			
⑦		⑧	

문제 6 (세로) '몸이 가루가 되게 하고 뼈를 부러뜨린다'라는 뜻으로, 모든 정성과 힘을 다함을 의미하는 **사자성어**를 검색하시오.

문제 7 (가로) '자꾸 시건방지게 행동하다'를 이르는 **우리말**을 검색하시오.

문제 8 (세로) 발해에서, 나라의 양곡을 쌓아 두는 창고들을 관할하던 중앙 관아를 말한다. 이것이 **무엇**인지 검색하시오.

실용검색 (각 50점)

문제 9 길 찾기 서비스(포털 및 전문 검색사이트)를 이용하여 유네스코 세계유산 **부여 정림사지 오층석탑**에서 **국립부여박물관 사비마루**를 도보로 가는 지도 경로를 찾아 전체화면(길 찾기 검색화면, 경로 포함)을 캡처하여 답안 파일에 붙여 넣으시오 (이미지 크기 150mm x 100mm).

문제 10 국립민속박물관은 우리나라의 대표적인 생활문화박물관으로서, 1946년 개관한 이래로 우리 문화의 본 모습을 올바르게 전달하기 위해 노력해 오고 있다. 현재 국립민속박물관 온라인 전시관에서 전시 중인 **온라인 특별전** (전시명)을 검색하시오(정답).

문제 11 축산물이력제는 소 · 돼지 · 닭/오리/계란을 도축부터 판매에 이르기까지 정보를 기록 · 관리하여 위생 · 안전의 문제를 사전에 방지하고, 문제가 발생할 경우에 그 이력을 추적하여 신속하게 대처하기 위한 제도이다. 이력번호 「002 1211 0718 8」인 소 개체의 **도축일자**(연월일)를 검색하시오(정답).

정보 가공   **70**점

※ 제시된 주제에 따라 답안을 완성하시오.

문제 12 서울베리어프리영화제는 '장애와 상관없이 모두 다 함께 즐기는 영화축제' 라는 슬로건 아래 시작 되었다. 배리어프리영화는 시각장애인을 위해 화면해설을, 청각장애인을 위해 한글자막을 넣어 장애와 상관없이 누구나 즐길 수 있는 영화를 말한다. 서울배리어프리영화제에 대하여 검색하여 다음의 안내문 내용을 완성하시오.

서울배리어프리영화제	
(12-1) 제12회 배리어프리영화제 포스터 **이미지**	(12-2) 제12회 배리어프리영화제 **개최기간**(월일~월일) (12-3) 제12회 배리어프리영화제 **개막작**(작품명) (12-4) 한국영상자료원 시네마테크KOFA **주소**(도로명)

기출문제 5회

정답 파일 Part 4 기출문제₩기출문제 5회 답안.hwp

과목	코드	문제유형	시험시간	수험번호	성명
인터넷	1152	B	60분	20244015	홍길동

수험자 유의사항

- 수험자는 문제지를 받는 즉시 **응시하고자 하는 과목의 문제지가 맞는지 확인**하여야 합니다.

- 시험과 직접 관련이 없는 행위 즉, 각종 웹사이트 로그인, 댓글 달기, 게시, 자료 업로드 등의 행위 또는 답안 내역을 보조기억장치 및 기타 통신수단(게시판, 이메일, 메신저, 네트워크 등)을 이용하여 타인에게 전달 또는 외부로 반출하는 경우는 자격기본법 제32 에 의거 부정행위로 간주되어 본 시험 및 국가공인 자격시험을 2년간 응시할 수 없습니다.

- 내 PC₩문서₩ITQ 폴더의 "답안파일−인터넷.hwp"파일을 열어 파일 이름을 "수험번호−성명−인터넷.hwp"로 답안폴더에 다시 저장한 후 답안 작성을 시작하여야 하며, 답안 문서 파일명이 일치하지 않을 경우 실격 처리됩니다(예 : 12345678−홍길동−인터넷. hwp).
  (시험시 제공되는 답안파일 양식을 사용하지 않을 경우에는 0점 처리됨)

- 답안 작성을 마치면 파일을 저장하고, '답안 전송' 버튼을 선택하여 감독위원 PC로 답안을 전송하십시오. 수험자 정보와 저장한 파일명이 다를 경우 전송되지 않으므로 주의하시기 바랍니다.

- 답안 작성 중에도 **주기적으로 저장하고 답안을 전송**하여야 문제 발생을 줄일 수 있습니다. 작업한 내용을 저장하지 않고 전송할 경우 이전에 저장된 내용이 전송되오니 이점 유의하시기 바랍니다.

- 시험 중 부주의 또는 고의로 시스템을 파손한 경우는 수험자가 변상해야 하며, 〈수험자 유의사항〉에 기재된 방법대로 이행하지 않아 생기는 불이익은 수험자 당사자의 책임임을 알려 드립니다.

- 시험을 완료한 수험자는 답안파일이 전송되었는지 확인한 후 감독위원의 지시에 따라 문제지를 제출하고 퇴실합니다.

답안 작성요령

- 온라인 답안 작성 절차
  수험자 등록 ⇒ 시험 시작 ⇒ 답안파일 저장 ⇒ 답안 전송 ⇒ 시험 종료

- 시험 시작 전 시험과 무관한 프로그램의 실행을 중지시켜 주시기 바랍니다(채팅, 파일공유 등).

- 문제에 (정답)이라고 표시되어 있으면 정답만을 작성란에 기재하고, (정답, URL)이라고 표시되어 있으면 정답과 함께 URL을 반드시 기재하시기 바랍니다. 이를 준수하지 않을 경우 감점, 오답 처리 등 불이익이 있을 수 있습니다.

- 문제 번호에 따라 정답을 아래와 같이 답안파일에 정확히 기록하십시오.

문제번호		답안
문제6	정답	대한민국

- 4번 문제는 번호에 따라 정답과 URL을 아래와 같이 답안파일에 정확히 기록하십시오(URL은 정답을 확인할 수 있는 최종 URL을 기재하십시오).

문제4	정답	ITQ 정보기술자격
	URL	https://www.kpc.or.kr/certification/index.asp

- 4번 문제의 경우 개인 홈페이지나 블로그, 지식 검색(예 : 지식iN, 위키피디아 등)과 같이 개인 사견이 들어 있는 사이트, 첨부파일은 정답으로 인정하지 않습니다.

- 9번의 이미지 파일은 인터넷 답안지에 삽입한 후 반드시 지정된 이미지 크기로 변경하시기 바랍니다.

- 문제에서 제시한 단위, Full name 등의 조건에 맞도록 답안을 작성하시기 바랍니다.

인터넷 윤리

※ 문제에 대한 적절한 내용의 번호를 골라 답안지에 기재하시오.

문제 1 다음 중 개인정보 오남용 피해방지를 위한 안전 수칙으로 옳은 것은?

① 금융거래는 여러 명이 사용하는 공용 컴퓨터를 사용한다.
② 회원가입을 할 때는 개인정보처리방침 및 약관을 꼼꼼히 살핀다.
③ 개인정보는 가장 가까운 친구들에게만 정보를 공유한다.
④ P2P 공유폴더에 개인정보를 저장한다.

문제 2 다음 중 인터넷 게임 중독 대응 방안으로 옳지 <u>않은</u> 것은?

① 게임 하는 시간 자체를 점차 줄인다.
② 게임에서의 지위는 현실의 지위가 아님을 인식한다.
③ 온라인상의 쌍방향 게임 시간을 점차 늘린다.
④ 현실에서의 운동, 문화, 취미활동을 늘려간다.

인터넷 검색

370점

일반검색 I (각 10점)

문제 3 국가보훈처에서 선정한 이달의 전쟁 영웅을 〈보기〉에서 찾아 해당 번호를 답안지에 적으시오(번호).

문제 3-1) 2022년 11월 .... (　)
문제 3-2) 2022년 8월 .... (　)
문제 3-3) 2022년 6월 .... (　)

〈보기〉
① 김왕호　　　　　② 송태호　　　　　③ 최용덕
④ 김재봉　　　　　⑤ 이창환

문제 4 텍스트, 오디오, 이미지 등 기존 콘텐츠를 활용해 유사한 콘텐츠를 새롭게 만들어 내는 인공지능 기술을 말하며 이 분야에서 사회적 이슈로 대두되고 있는 것은 '인물 합성 기술(deepfake)'이다. 이것을 일컫는 **용어**를 검색하시오(정답, URL).

문제 5 소한(小寒)은 24절기 가운데 스물세 번째로, 작은 추위라는 뜻의 절기이다. '대한이 소한의 집에 가서 얼어 죽는다'라는 속담처럼 소한 추위는 맵다. 2023년 소한에 기상청 영월 무인관서에서 관측한 **일최저기온**(단위: ℃, 소수 첫째 자리까지 표시)을 검색하시오(정답).

가로 · 세로 정보검색 (각 30점)

※ 아래 각 문제의 설명을 읽고 가로 · 세로에 알맞은 단어를 답안에 기재하시오(정답).

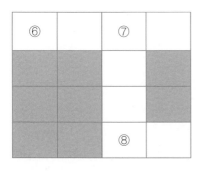

문제 6 (가로) '하루가 삼 년 같은 생각'이라는 뜻으로, 몹시 사모하여 기다리는 마음을 의미하는 **사자성어**를 검색하시오.

문제 7 (세로) '성품이나 행실이 지나치게 더럽고 야비하다'를 이르는 **우리말**을 검색하시오.

문제 8 (가로) 조선 시대에, 차의 판매를 허가하던 증서를 말하며 증서를 교부해 주는 대신에 세금을 징수하였다. 이것은 **무엇**인지 검색하시오.

실용검색 (각 50점)

문제 9 길 찾기 서비스(포털 및 전문 검색사이트)를 이용하여 **통영시립박물관**에서 **윤이상기념공원(도천테마파크)**을 도보로 가는 지도 경로를 찾아 전체화면(길 찾기 검색화면, 경로 포함)을 캡처하여 답안 파일에 붙여 넣으시오
(이미지 크기 150mm x 100mm).

문제 10 한양도성박물관은 2017년부터 매년 도성의 여덟 성문을 주제로 기획전시를 열어 왔다. 현재 한양도성박물관 2층 기획전시실에서 진행 중인 기획전시의 **제목(전시명)**을 검색하시오(정답).

문제 11 한국도로공사 홈페이지에서 통행요금조회를 찾아 내장산(출발요금소)–기흥(도착요금소) 간 237.19km를 고속도로를 이용할 경우 2종(중형차)으로 구분되는 중형승합차의 **통행 요금**(정상 요금, 단위: 원)을 검색하시오 (정답).

정보 가공   **70**점

※ 제시된 주제에 따라 답안을 완성하시오.

문제 12 산업통상자원부는 무역의 균형 발전과 무역입국의 의지를 다지기 위해 무역의 날을 법정기념일로 제정하였다. 2011년 12월 5일 우리나라가 세계에서 아홉 번째로 무역규모 1조 달러를 달성한 것을 기념하기 위하여 2012년 10월 '무역의 날'을 12월 5일로 변경하였다. 무역의 날에 대한 정보를 검색하여 다음의 안내문 내용을 완성하시오.

제59회 무역의 날	
(12-1) 산업통상자원부 MI(기관문양) **이미지**	(12-2) 제59회 무역의 날 금탑산업훈장 수상자 중 본사가 대구광역시에 소재한 기업의 **수상자(성명)** (12-3) 2022년 300억불 수출의 탑 수상 **기업**(회사명) (12-4) 한국무역협회 **주소**(도로명)

기출문제 6회

정답 파일 Part 4 기출문제\기출문제 6회 답안.hwp

과목	코드	문제유형	시험시간	수험번호	성명
인터넷	1152	B	60분	20244016	홍길동

수험자 유의사항

- 수험자는 문제지를 받는 즉시 **응시하고자 하는 과목의 문제지가 맞는지 확인**하여야 합니다.

- 시험과 직접 관련이 없는 행위 즉, 각종 웹사이트 로그인, 댓글 달기, 게시, 자료 업로드 등의 행위 또는 답안 내역을 보조기억장치 및 기타 통신수단(게시판, 이메일, 메신저, 네트워크 등)을 이용하여 타인에게 전달 또는 외부로 반출하는 경우는 자격기본법 제32 에 의거 부정행위로 간주되어 본 시험 및 국가공인 자격시험을 2년간 응시할 수 없습니다.

- 내 PC\문서\ITQ 폴더의 "답안파일-인터넷.hwp"파일을 열어 파일 이름을 "수험번호-성명-인터넷.hwp"로 답안폴더에 다시 저장한 후 답안 작성을 시작하여야 하며, 답안 문서 파일명이 일치하지 않을 경우 실격 처리됩니다(예 : 12345678-홍길동-인터넷. hwp).
  (시험시 제공되는 답안파일 양식을 사용하지 않을 경우에는 0점 처리됨)

- 답안 작성을 마치면 파일을 저장하고, '답안 전송' 버튼을 선택하여 감독위원 PC로 답안을 전송하십시오. 수험자 정보와 저장한 파일명이 다를 경우 전송되지 않으므로 주의하시기 바랍니다.

- 답안 작성 중에도 **주기적으로 저장하고 답안을 전송**하여야 문제 발생을 줄일 수 있습니다. 작업한 내용을 저장하지 않고 전송할 경우 이전에 저장된 내용이 전송되오니 이점 유의하시기 바랍니다.

- 시험 중 부주의 또는 고의로 시스템을 파손한 경우는 수험자가 변상해야 하며, 〈수험자 유의사항〉에 기재된 방법대로 이행하지 않아 생기는 불이익은 수험자 당사자의 책임임을 알려 드립니다.

- 시험을 완료한 수험자는 답안파일이 전송되었는지 확인한 후 감독위원의 지시에 따라 문제지를 제출하고 퇴실합니다.

답안 작성요령

- 온라인 답안 작성 절차
  수험자 등록 ⇒ 시험 시작 ⇒ 답안파일 저장 ⇒ 답안 전송 ⇒ 시험 종료

- 시험 시작 전 시험과 무관한 프로그램의 실행을 중지시켜 주시기 바랍니다(채팅, 파일공유 등).

- 문제에 (정답)이라고 표시되어 있으면 정답만을 작성란에 기재하고, (정답, URL)이라고 표시되어 있으면 정답과 함께 URL을 반드시 기재하시기 바랍니다. 이를 준수하지 않을 경우 감점, 오답 처리 등 불이익이 있을 수 있습니다.

- 문제 번호에 따라 정답을 아래와 같이 답안파일에 정확히 기록하십시오.

문제번호		답안
문제6	정답	대한민국

- 4번 문제는 번호에 따라 정답과 URL을 아래와 같이 답안파일에 정확히 기록하십시오(URL은 정답을 확인할 수 있는 최종 URL을 기재하십시오).

문제4	정답	ITQ 정보기술자격
	URL	https://www.kpc.or.kr/certification/index.asp

- 4번 문제의 경우 개인 홈페이지나 블로그, 지식 검색(예 : 지식iN, 위키피디아 등)과 같이 개인 사견이 들어 있는 사이트, 첨부파일은 정답으로 인정하지 않습니다.

- 9번의 이미지 파일은 인터넷 답안지에 삽입한 후 반드시 지정된 이미지 크기로 변경하시기 바랍니다.

- 문제에서 제시한 단위, Full name 등의 조건에 맞도록 답안을 작성하시기 바랍니다.

인터넷 윤리

60점, 각 **30**점

※ 문제에 대한 적절한 내용의 번호를 골라 답안지에 기재하시오.

문제 1 다음 중 인터넷 네티켓으로 옳지 <u>않은</u> 것은?

① 다른 사람의 저작권을 침해하지 않는다.
② 타인의 인권과 사생활을 존중하고 보호한다.
③ 비속어나 욕설 사용을 자제하고, 바른 언어를 사용한다.
④ 실명이 아닌 ID로 행한 행동에는 책임이 없다.

문제 2 다음 중 정부 기관을 사칭한 보이스 피싱 예방 및 대처 방안으로 옳지 <u>않은</u> 것은?

① 은행을 통해 빠르게 지급정지 신청을 한다.
② 휴대폰 소액결제의 한도액을 높인다.
③ 경찰(112) 및 금융감독원(1332)에 신속하게 신고한다.
④ 출처가 불분명한 링크를 보낼 경우 클릭하지 않는다.

인터넷 검색

370점

일반검색 I (각 10점)

문제 3 다음 천연기념물의 지정일을 〈보기〉에서 찾아 해당 번호를 답안지에 적으시오(번호).

문제 3-1) 단양 영천리 측백나무 숲 ·· ( )

문제 3-2) 제주 봉개동 왕벚나무 자생지 ·· ( )

문제 3-3) 보성 전일리 팽나무 숲 ··· ( )

〈보기〉
① 1964년 1월 1일   ② 1964년 1월 31일   ③ 1962년 12월 7일
④ 2007년 10월 8일   ⑤ 2007년 8월 9일

문제 4 콘텐츠 몰아보기를 뜻하는 말로, 주말이나 휴일을 이용해 TV 프로그램 전편을 몰아 시청하는 새로운 시청 형태를 의미한다. 이것을 무엇이라 하는지 검색하시오(정답, URL).

문제 5 표준지공시지가란 대한민국 전국의 개별토지 중 지가 대표성 등이 있는 토지를 선정 · 조사하여 평가 · 공시하는 것으로서 매년 1월 1일 기준 표준지의 단위 면적당 가격(원/㎡)을 말한다. 다음 소재지의 **2022년 표준지공시지가**(단위: 원)를 검색하시오(정답).

광주광역시 남구 백운동 20-13 백운초등학교 동측 인근

가로 · 세로 정보검색 (각 30점)

※ 아래 각 문제의 설명을 읽고 가로 · 세로에 알맞은 단어를 답안에 기재하시오(정답).

⑥			⑧
⑦			

문제 6 (세로) 인색한 사람을 속되게 이르는 **우리말**을 검색하시오.

문제 7 (가로) 비와 이슬이 만물을 기르는 것처럼 은혜가 골고루 미침을 이르는 **사자성어**를 검색하시오.

문제 8 (세로) 국가의 안정과 평안을 위하여 명산대천에서 지내던 산신제의 하나로 신라 때부터 조선시대까지 계속되었다. 이것이 **무엇**인지 검색하시오.

실용검색 (각 50점)

문제 9 길 찾기 서비스(포털 및 전문 검색사이트)를 이용하여 **문경새재 도립공원**에서 **문경자연생태박물관**을 도보로 가는 지도 경로를 찾아 전체화면(길 찾기 검색화면, 경로 포함)을 캡처하여 답안 파일에 붙여 넣으시오(이미지 크기 150mm x 100mm).

문제 10 깃대종(Flagship species)은 1993년 국제연합환경계획(UNEP)이 발표한 '생물다양성 국가 연구에 관한 가이드라인'에서 제시한 개념으로, 공원의 생태 · 지리 · 문화적 특성을 반영하는 상징적인 야생 동 · 식물로서 사람들이 중요하다고 인식하는 종을 말한다. 덕유산 국립공원의 두 가지 깃대종은 **무엇**(명칭, 2가지)인지 검색하시오(정답).

문제 11 북악산 동편 줄기인 응봉자락에 자리 잡고 있는 조선의 궁궐 창덕궁은 궁궐 전각과 후원을 관람할 수 있다. 성인(대인, 만19세~만24세)의 후원 **관람요금**(할인 없음, 단위: 원)을 검색하시오(정답).

정보 가공   **70**점

※ 제시된 주제에 따라 답안을 완성하시오.

문제 12 대한민국 독서대전은 책 읽는 문화 확산을 위해 문화체육관광부 주최로 2014년부터 매년 지방자치단체를 선정하여 개최되는 전국 최대 규모 독서문화 축제이다. 2022 대한민국 독서대전에 대하여 검색하여 다음의 안내문 내용을 완성하시오.

2022 대한민국 독서대전	
(12-1) 원주시 캐릭터 꽁드리 **이미지**(기본)	(12-2) 1달 1권 완독 **11월 선정도서**(도서명) (12-3) 2022년 대한민국 독서대전 본행사 **개최기간**(월일~월일) (12-4) 2022년 대한민국 독서대전 개막식 개최 장소 **주소**(도로명 주소)

정답 파일 Part 4 기출문제₩기출문제 7회 답안.hwp

과목	코드	문제유형	시험시간	수험번호	성명
인터넷	1152	B	60분	20244017	홍길동

수험자 유의사항

- 수험자는 문제지를 받는 즉시 **응시하고자 하는 과목의 문제지가 맞는지 확인**하여야 합니다.

- 시험과 직접 관련이 없는 행위 즉, 각종 웹사이트 로그인, 댓글 달기, 게시, 자료 업로드 등의 행위 또는 답안 내역을 보조기억장치 및 기타 통신수단(게시판, 이메일, 메신저, 네트워크 등)을 이용하여 타인에게 전달 또는 외부로 반출하는 경우는 자격기본법 제32에 의거 부정행위로 간주되어 본 시험 및 국가공인 자격시험을 2년간 응시할 수 없습니다.

- 내 PC₩문서₩ITQ 폴더의 "답안파일-인터넷.hwp"파일을 열어 파일 이름을 "수험번호-성명-인터넷.hwp"로 답안폴더에 다시 저장한 후 답안 작성을 시작하여야 하며, 답안 문서 파일명이 일치하지 않을 경우 실격 처리됩니다(예 : 12345678-홍길동-인터넷.hwp).
  (시험시 제공되는 답안파일 양식을 사용하지 않을 경우에는 0점 처리됨)

- 답안 작성을 마치면 파일을 저장하고, '답안 전송' 버튼을 선택하여 감독위원 PC로 답안을 전송하십시오. 수험자 정보와 저장한 파일명이 다를 경우 전송되지 않으므로 주의하시기 바랍니다.

- 답안 작성 중에도 **주기적으로 저장하고 답안을 전송**하여야 문제 발생을 줄일 수 있습니다. 작업한 내용을 저장하지 않고 전송할 경우 이전에 저장된 내용이 전송되오니 이점 유의하시기 바랍니다.

- 시험 중 부주의 또는 고의로 시스템을 파손한 경우는 수험자가 변상해야 하며, 〈수험자 유의사항〉에 기재된 방법대로 이행하지 않아 생기는 불이익은 수험자 당사자의 책임임을 알려 드립니다.

- 시험을 완료한 수험자는 답안파일이 전송되었는지 확인한 후 감독위원의 지시에 따라 문제지를 제출하고 퇴실합니다.

답안 작성요령

- 온라인 답안 작성 절차
  수험자 등록 ⇒ 시험 시작 ⇒ 답안파일 저장 ⇒ 답안 전송 ⇒ 시험 종료

- 시험 시작 전 시험과 무관한 프로그램의 실행을 중지시켜 주시기 바랍니다(채팅, 파일공유 등).

- 문제에 (정답)이라고 표시되어 있으면 정답만을 작성란에 기재하고, (정답, URL)이라고 표시되어 있으면 정답과 함께 URL을 반드시 기재하시기 바랍니다. 이를 준수하지 않을 경우 감점, 오답 처리 등 불이익이 있을 수 있습니다.

- 문제 번호에 따라 정답을 아래와 같이 답안파일에 정확히 기록하십시오.

문제번호		답안
문제6	정답	대한민국

- 4번 문제는 번호에 따라 정답과 URL을 아래와 같이 답안파일에 정확히 기록하십시오(URL은 정답을 확인할 수 있는 최종 URL을 기재하십시오).

문제4	정답	ITQ 정보기술자격
	URL	https://www.kpc.or.kr/certification/index.asp

- 4번 문제의 경우 개인 홈페이지나 블로그, 지식 검색(예 : 지식iN, 위키피디아 등)과 같이 개인 사견이 들어 있는 사이트, 첨부파일은 정답으로 인정하지 않습니다.

- 9번의 이미지 파일은 인터넷 답안지에 삽입한 후 반드시 지정된 이미지 크기로 변경하시기 바랍니다.

- 문제에서 제시한 단위, Full name 등의 조건에 맞도록 답안을 작성하시기 바랍니다.

60점, 각 **30**점

※ 문제에 대한 적절한 내용의 번호를 골라 답안지에 기재하시오.

문제 1 청소년 인터넷 중독의 예방 수칙으로 옳지 <u>않은</u> 것은?

① 유해정보로 의심되면 열어 보고 확인 후 바로 지운다.
② 인터넷 이외의 취미 생활, 운동, 문화 활동을 늘린다.
③ 컴퓨터는 가족이 공유하는 장소에 둔다.
④ 하루에 사용하는 컴퓨터 시간을 미리 정해둔다.

문제 2 안전한 금융거래를 위한 방법이 <u>아닌</u> 것은?

① 금융회사에서 제공하는 보안 프로그램을 반드시 설치한다.
② 보안 설정이 없는 무선랜보다 이동통신망을 이용해 거래한다.
③ 인터넷 금융 거래는 가급적 PC방 등 공용 장소의 컴퓨터를 이용한다.
④ 전자금융거래 이용 내역을 본인에게 즉시 알려주는 휴대폰 서비스를 이용한다.

인터넷 검색 **370**점

일반검색 I (각 10점)

문제 3 다음 책 제목의 ISBN을 〈보기〉에서 찾아 해당 번호를 답안지에 적으시오(번호).

문제 3-1) 모두 거짓말을 한다 ··· (   )
문제 3-2) 악마는 꼴찌부터 잡아먹는다 ··· (   )
문제 3-3) 그냥 하지 말라 ··· (   )

〈보기〉
① 9791140701919　　　　② 9791191211467　　　　③ 9791191211917
④ 9788959897094　　　　⑤ 9791191183207

문제 4 포털 사이트에서 검색한 정보를 클릭하면 해당 정보를 제공한 본래 사이트로 이동해 검색 결과를 보여주는 방식으로 포털 사이트에서 뉴스를 검색해 클릭하면 해당 언론사 사이트로 연결해주는 것을 말한다. 이것을 일컫는 **용어**를 검색하시오(정답, URL).

문제 5 대설(大雪)은 24절기의 21번째로, 이 무렵 많은 눈이 내린다 하여 이런 이름이 붙었다. 2022년 대설에 기상청 정선군 무인관서에서 관측한 **일평균 기온**(단위: ℃, 소수 첫째 자리까지 표시)을 검색하시오(정답).

가로 · 세로 정보검색 (각 30점)

※ 아래 각 문제의 설명을 읽고 가로 · 세로에 알맞은 단어를 답안에 기재하시오(정답).

		⑥	
⑦			
⑧			

문제 6 (세로) '남과 잘 사귀는 솜씨'를 이르는 **우리말**을 검색하시오.

문제 7 (세로) 조선 후기에, 정치의 혼란을 틈타 탐관오리들이 백성들에게 함부로 거두던 잡세를 **무엇**이라 했는지 검색하시오.

문제 8 (가로) 한 고을의 원으로서 그 어버이를 봉양하는 일을 의미하는 **사자성어**를 검색하시오.

실용검색 (각 50점)

문제 9 길 찾기 서비스(포털 및 전문 검색사이트)를 이용하여 **김유정역**(경춘선)에서 **김유정 문학촌**을 도보로 가는 지도 경로를 찾아 전체화면(길 찾기 검색화면, 경로 포함)을 캡처하여 답안 파일에 붙여 넣으시오 (이미지 크기 150mm x 100mm).

문제 10 2022 대한민국 관광기념품 박람회는 대한민국 관광공모전(기념품 부문) 수상작과 전국 각 지역을 대표하는 관광기념품을 전시한다. 2022년 대한민국 관광공모전(기념품 부문)에서 대상(대통령상)을 수상한 **출품작**(제품명)을 검색하시오(정답).

문제 11 한국은행이 우리나라 독자 기술로 개발된 한국형 우주발사체 누리호의 발사 성공을 축하하기 위해 기념주화(은화) 2종을 발행한다. 기념주화 한 개에 표시된 **액면가격**(단위: 원)을 검색하시오(정답).

정보 가공   **70**점

※ 제시된 주제에 따라 답안을 완성하시오.

문제 12 국토교통부는 제42회 항공의 날을 맞아 2022년 10월 24일부터 28일까지를 '항공주간'으로 지정하고 10월 27일에 '제42회 항공의 날 기념식'을 개최했다. 항공주간에는 항공의 날 기념식 외에도 항공문학상 시상식, 국립항공박물관 국제학술대회, 항공산업 JOB FAIR 등 다채로운 항공 관련 행사가 열렸다. 항공의 날에 대한 정보를 검색하여 다음의 안내문 내용을 완성하시오.

항공의 날	
(12-1) 제1회 항공의 날 기념우표 **이미지**	(12-2) 제42회 항공의 날 **주제** (12-3) 서울−부산간 국내선 민항기 최초 **취항일**(연월일) (12-4) 제8회 항공문학상 대상 **수상작**(작품명)

CHAPTER 08 기출문제 8회

정답 파일 Part 4 기출문제\기출문제 8회 답안.hwp

과목	코드	문제유형	시험시간	수험번호	성명
인터넷	1152	B	60분	20244018	홍길동

수험자 유의사항

- 수험자는 문제지를 받는 즉시 **응시하고자 하는 과목의 문제지가 맞는지 확인**하여야 합니다.

- 시험과 직접 관련이 없는 행위 즉, 각종 웹사이트 로그인, 댓글 달기, 게시, 자료 업로드 등의 행위 또는 답안 내역을 보조기억장치 및 기타 통신수단(게시판, 이메일, 메신저, 네트워크 등)을 이용하여 타인에게 전달 또는 외부로 반출하는 경우는 자격기본법 제32조에 의거 부정행위로 간주되어 본 시험 및 국가공인 자격시험을 2년간 응시할 수 없습니다.

- 내 PC\문서\ITQ 폴더의 "답안파일-인터넷.hwp"파일을 열어 파일 이름을 "수험번호-성명-인터넷.hwp"로 답안폴더에 다시 저장한 후 답안 작성을 시작하여야 하며, 답안 문서 파일명이 일치하지 않을 경우 실격 처리됩니다(예 : 12345678-홍길동-인터넷.hwp).
(시험시 제공되는 답안파일 양식을 사용하지 않을 경우에는 0점 처리됨)

- 답안 작성을 마치면 파일을 저장하고, '답안 전송' 버튼을 선택하여 감독위원 PC로 답안을 전송하십시오. 수험자 정보와 저장한 파일명이 다를 경우 전송되지 않으므로 주의하시기 바랍니다.

- 답안 작성 중에도 **주기적으로 저장하고 답안을 전송**하여야 문제 발생을 줄일 수 있습니다. 작업한 내용을 저장하지 않고 전송할 경우 이전에 저장된 내용이 전송되오니 이점 유의하시기 바랍니다.

- 시험 중 부주의 또는 고의로 시스템을 파손한 경우는 수험자가 변상해야 하며, 〈수험자 유의사항〉에 기재된 방법대로 이행하지 않아 생기는 불이익은 수험자 당사자의 책임임을 알려 드립니다.

- 시험을 완료한 수험자는 답안파일이 전송되었는지 확인한 후 감독위원의 지시에 따라 문제지를 제출하고 퇴실합니다.

답안 작성요령

- 온라인 답안 작성 절차
수험자 등록 ⇒ 시험 시작 ⇒ 답안파일 저장 ⇒ 답안 전송 ⇒ 시험 종료

- 시험 시작 전 시험과 무관한 프로그램의 실행을 중지시켜 주시기 바랍니다(채팅, 파일공유 등).

- 문제에 (정답)이라고 표시되어 있으면 정답만을 작성란에 기재하고, (정답, URL)이라고 표시되어 있으면 정답과 함께 URL을 반드시 기재하시기 바랍니다. 이를 준수하지 않을 경우 감점, 오답 처리 등 불이익이 있을 수 있습니다.

- 문제 번호에 따라 정답을 아래와 같이 답안파일에 정확히 기록하십시오.

문제번호		답안
문제6	정답	대한민국

- 4번 문제는 번호에 따라 정답과 URL을 아래와 같이 답안파일에 정확히 기록하십시오(URL은 정답을 확인할 수 있는 최종 URL을 기재하십시오).

문제4	정답	ITQ 정보기술자격
	URL	https://www.kpc.or.kr/certification/index.asp

- 4번 문제의 경우 개인 홈페이지나 블로그, 지식 검색(예 : 지식iN, 위키피디아 등)과 같이 개인 사견이 들어 있는 사이트, 첨부파일은 정답으로 인정하지 않습니다.

- 9번의 이미지 파일은 인터넷 답안지에 삽입한 후 반드시 지정된 이미지 크기로 변경하시기 바랍니다.

- 문제에서 제시한 단위, Full name 등의 조건에 맞도록 답안을 작성하시기 바랍니다.

60점, 각 **30**점

※ 문제에 대한 적절한 내용의 번호를 골라 답안지에 기재하시오.

문제 1 다음 중 이메일 스팸방지 수칙으로 옳지 <u>않은</u> 것은?

① 불법스팸은 불법스팸대응센터 ☎118로 신고하기
② 광고메일에 개인정보 동의 후 열어보기
③ 웹사이트, 게시판 등에 이메일주소를 남기지 않기
④ 이메일 프로그램 자체에 내장된 스팸차단 기능을 적극적으로 활용하기

문제 2 다음 중 소셜 네트워크 서비스(SNS) 이용에 대한 네티켓으로 옳지 <u>않은</u> 것은?

① 공유된 글의 책임은 원작자에게 있으므로 비방하는 글을 공유해도 책임은 없다.
② 자기가 쓴 글에 의해 평가되고 소통하므로 신중하게 글을 쓴다.
③ 제목을 보고 내용을 알 수 있도록 말머리를 사용한다.
④ 한꺼번에 많은 글을 올리는 것을 자제한다.

인터넷 검색

370점

일반검색 I (각 10점)

문제 3 국가무형문화재 보유자를 〈보기〉에서 찾아 해당 번호를 답안지에 적으시오(번호).

　　　　문제 3-1) 안동차전놀이 ·· (　　)
　　　　문제 3-2) 좌수영어방놀이 ·· (　　)
　　　　문제 3-3) 밀양백중놀이 ··· (　　)

〈보기〉
① 김선엽　　　　② 이재춘　　　　③ 박동영　　　　④ 이상호　　　　⑤ 김태룡

문제 4 개인이나 회사, 단체가 배출한 만큼의 온실가스(탄소)를 다시 흡수해 실질 배출량을 '0'으로 만드는 것으로 지구 온난화를 막기 위한 움직임의 하나이다. 이것을 **무엇**이라 하는지 검색하시오(정답, URL).

문제 5 2022년 11월 13일 10시 00분 제주도(제주도 서부, 제주도 북부, 제주도 동부)에 강풍 주의보가 발령한 후, 당일 19시 00분에 해제되었다. 기상청 고산 무인관서에서 관측한 2022년 11월 13일의 **일평균풍속**(m/s, 소수 첫째 자리까지 표시)을 검색하시오(정답).

가로 · 세로 정보검색 (각 30점)

※ 아래 각 문제의 설명을 읽고 가로 · 세로에 알맞은 단어를 답안에 기재하시오(정답).

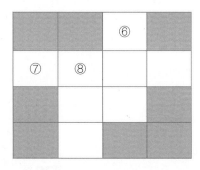

문제 6 (세로) '규격을 갖추는 데 필요한 여러 조건'을 이르는 **우리말**을 검색하시오.

문제 7 (가로) 위로는 부모를 섬기고 아래로는 처자를 보살핌을 이르는 **사자성어**를 검색하시오.

문제 8 (세로) 조선 시대에, 삼사 가운데 임금에게 간(諫)하는 일을 맡아보던 관아로 태종 원년(1401)에 설치하여 연산군 때 없었다가 중종 때 다시 설치하였다. 이것의 **이름**을 검색하시오.

실용검색 (각 50점)

문제 9 길 찾기 서비스(포털 및 전문 검색사이트)를 이용하여 **목포근대역사관 1관**에서 **목포근대역사관 2관**을 도보로 가는 지도 경로를 찾아 전체화면(길 찾기 검색화면, 경로 포함)을 캡처하여 답안 파일에 붙여 넣으시오(이미지 크기 150mm x 100mm).

문제 10 우정사업본부는 질병으로 지친 국민의 안녕과 회복을 기원하기 위해, 2009년에 유네스코 인류 무형문화유산으로 등재된 문화유산을 주제로 2022년 11월 18일 기념우표를 발행했다. 이 우표의 소재로 사용된 유네스코 인류무형문화유산은 **무엇**(명칭)인지 검색하시오(정답).

문제 11 1981년 설립된 하와이국제영화제는 영화를 매개체로 아시아와 태평양, 북아메리카 사람들 간의 문화교류와 이해를 목적으로 한다. 제42회 하와이국제영화제(HAWAII INTERNATIONAL FILM FESTIVAL, 2022) **폐막작**(작품명)을 검색하시오(정답).

정보 가공   **70**점

※ 제시된 주제에 따라 답안을 완성하시오.

문제 12 진주대첩의 현장, 진주성에 자리 잡은 국립진주박물관은 임진왜란을 중심으로 경남지역의 역사와 문화를 연구하고 전시하면서 다양한 학습 기회를 제공하고 있다. 국립진주박물관에 대한 정보를 검색하여 다음의 안내문 내용을 완성하시오.

국립진주박물관	
(12–1) 진주시 관광캐릭터 하모 **이미지**	(12–2) 국립진주박물관 **설계자**(성명) (12–3) 국립진주박물관 야외 전시장에 있는 국보 문화재 **이름**(명칭) (12–4) 국립진주박물관 **주소**(도로명 주소)

과목	코드	문제유형	시험시간	수험번호	성명
인터넷	1152	B	60분	20244019	홍길동

수험자 유의사항

- 수험자는 문제지를 받는 즉시 **응시하고자 하는 과목의 문제지가 맞는지 확인**하여야 합니다.

- 시험과 직접 관련이 없는 행위 즉, 각종 웹사이트 로그인, 댓글 달기, 게시, 자료 업로드 등의 행위 또는 답안 내역을 보조기억장치 및 기타 통신수단(게시판, 이메일, 메신저, 네트워크 등)을 이용하여 타인에게 전달 또는 외부로 반출하는 경우는 자격기본법 제32 에 의거 부정행위로 간주되어 본 시험 및 국가공인 자격시험을 2년간 응시할 수 없습니다.

- 내 PC₩문서₩ITQ 폴더의 "답안파일-인터넷.hwp"파일을 열어 파일 이름을 "수험번호-성명-인터넷.hwp"로 답안폴더에 다시 저장한 후 답안 작성을 시작하여야 하며, 답안 문서 파일명이 일치하지 않을 경우 실격 처리됩니다(예 : 12345678-홍길동-인터넷. hwp).
  (시험시 제공되는 답안파일 양식을 사용하지 않을 경우에는 0점 처리됨)

- 답안 작성을 마치면 파일을 저장하고, '답안 전송' 버튼을 선택하여 감독위원 PC로 답안을 전송하십시오. 수험자 정보와 저장한 파일명이 다를 경우 전송되지 않으므로 주의하시기 바랍니다.

- 답안 작성 중에도 **주기적으로 저장하고 답안을 전송**하여야 문제 발생을 줄일 수 있습니다. 작업한 내용을 저장하지 않고 전송할 경우 이전에 저장된 내용이 전송되오니 이점 유의하시기 바랍니다.

- 시험 중 부주의 또는 고의로 시스템을 파손한 경우는 수험자가 변상해야 하며, 〈수험자 유의사항〉에 기재된 방법대로 이행하지 않아 생기는 불이익은 수험자 당사자의 책임임을 알려 드립니다.

- 시험을 완료한 수험자는 답안파일이 전송되었는지 확인한 후 감독위원의 지시에 따라 문제지를 제출하고 퇴실합니다.

답안 작성요령

- 온라인 답안 작성 절차
  수험자 등록 ⇒ 시험 시작 ⇒ 답안파일 저장 ⇒ 답안 전송 ⇒ 시험 종료

- 시험 시작 전 시험과 무관한 프로그램의 실행을 중지시켜 주시기 바랍니다(채팅, 파일공유 등).

- 문제에 (정답)이라고 표시되어 있으면 정답만을 작성란에 기재하고, (정답, URL)이라고 표시되어 있으면 정답과 함께 URL을 반드시 기재하시기 바랍니다. 이를 준수하지 않을 경우 감점, 오답 처리 등 불이익이 있을 수 있습니다.

- 문제 번호에 따라 정답을 아래와 같이 답안파일에 정확히 기록하십시오.

문제번호		답안
문제6	정답	대한민국

- 4번 문제는 번호에 따라 정답과 URL을 아래와 같이 답안파일에 정확히 기록하십시오(URL은 정답을 확인할 수 있는 최종 URL을 기재하십시오).

문제4	정답	ITQ 정보기술자격
	URL	https://www.kpc.or.kr/certification/index.asp

- 4번 문제의 경우 개인 홈페이지나 블로그, 지식 검색(예 : 지식iN, 위키피디아 등)과 같이 개인 사견이 들어 있는 사이트, 첨부파일은 정답으로 인정하지 않습니다.

- 9번의 이미지 파일은 인터넷 답안지에 삽입한 후 반드시 지정된 이미지 크기로 변경하시기 바랍니다.

- 문제에서 제시한 단위, Full name 등의 조건에 맞도록 답안을 작성하시기 바랍니다.

인터넷 윤리

※ 문제에 대한 적절한 내용의 번호를 골라 답안지에 기재하시오.

문제 1 다음 중 개인정보보호법에 위배되지 <u>않는</u> 것은?

① 게시판에 익명으로 글을 작성
② 공공기관 자유게시판에 작성자 성명, 생년월일 노출
③ 동아리 회원의 개인정보(성명, 전화번호)를 인터넷 블로그에 공개
④ 정보주체의 동의 없이 개인정보를 제3자에게 제공

문제 2 다음 중 안전한 금융거래를 위한 수칙으로 옳은 것은?

① PC방 등 공용 장소에서 인터넷 금융 거래를 한다.
② 금융 계좌, 공인인증서 등의 각종 비밀번호는 모두 동일하게 변경한다.
③ 보안카드 분실을 대비해 이미지로 스캔하여 하드디스크에 보관한다.
④ 신뢰할 수 없는 웹사이트는 방문하지 않는다.

인터넷 검색

일반검색 I (각 10점)

문제 3 다음 노벨상 부문의 수상자 이름을 〈보기〉에서 찾아 해당 번호를 답안지에 적으시오(번호).

문제 3-1) The Nobel Prize in Physics 2022(물리학상) ·· (　)

문제 3-2) The Nobel Prize in Chemistry 2022(화학상) ··· (　)

문제 3-3) The Nobel Prize in Physiology or Medicine 2022(생리의학상) ·················· (　)

〈보기〉
① Carolyn Bertozzi　　② Ben Bernanke　　③ Svante Paabo
④ Anton Zeilinger　　⑤ Douglas Diamond

문제 4 '신념'과 '벽장 속에서 나온다'라는 뜻이 결합된 단어로 자신만의 취향, 정치적 · 사회적 신념 등을 소비행위를 통해 표출하는 현상이다. 이것을 일컫는 **용어**를 검색하시오(정답, URL).

문제 5 상강(霜降)은 24절기 중 하나로 서리가 내린다는 뜻으로 아침저녁으로 쌀쌀해지기 시작하며, 반면 낮의 날씨는 매우 쾌청하다. 2022년 상강(霜降)인 날 기상청 상주 무인관서에서 관측한 **일최저기온**(단위: ℃, 소수 첫째 자리까지 표시)을 검색하시오(정답).

가로 · 세로 정보검색 (각 30점)

※ 아래 각 문제의 설명을 읽고 가로 · 세로에 알맞은 단어를 답안에 기재하시오(정답).

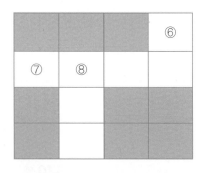

문제 6 (세로) 경복궁 근정전과 종묘 정전 등 왕궁에 설치된 넓은 단으로 궁중의 각종 의식에 사용됐으며, 달을 감상하는 자리로 이용되기도 했다. 이것의 **이름**을 검색하시오.

문제 7 (가로) '옷을 벗지 않다'는 뜻으로, 잠시도 쉬지 않으며 일에 힘씀을 이르는 **사자성어**를 검색하시오.

문제 8 (세로) '한 해가 좀 지나는 동안'을 이르는 **우리말**을 검색하시오.

실용검색 (각 50점)

문제 9 길 찾기 서비스(포털 및 전문 검색사이트)를 이용하여 **전주자연생태박물관**에서 **국립무형유산원**을 도보로 가는 지도 경로를 찾아 전체화면(길 찾기 검색화면, 경로 포함)을 캡처하여 답안 파일에 붙여 넣으시오(이미지 크기 150mm x 100mm).

문제 10 부산 갈맷길은 9개 코스, 21개 구간 278.8km의 걷기 좋은 탐방로이다. 용두산공원은 부산 갈맷길 9개 코스 중 **몇 코스**에서 방문할 수 있는지 검색하시오(정답).

문제 11 2022년 12월 9일(금) 예술의 전당 오페라극장의 **공연명**(행사명)을 검색하시오(정답).

정보 가공   **70**점

※ 제시된 주제에 따라 답안을 완성하시오.

문제 12 경남 진주시가 세계축제협회에서 선정한 '세계축제도시 진주'에 걸맞게 진주남강유등축제를 시작으로 개천예술제 종야예술한마당 불꽃놀이로 폐막까지 대장정을 이어갔다. 2022년 진주시 문화축제에 대한 정보를 검색하여 다음의 안내문 내용을 완성하시오.

2022 세계축제도시 진주	
(12-1) 2022년 진주남강유등축제 포스터 **이미지**	(12-2) 2022 진주세계민속예술비엔날레 **주제**(국문 또는 영문) (12-3) 제126회 진주 전국민속소힘겨루기대회 **개최기간**(월일~월일) (12-4) 제71회 개천예술제 뮤지컬 공연 **제목**

기출문제 10회

과목	코드	문제유형	시험시간	수험번호	성명
인터넷	1152	B	60분	20244020	홍길동

수험자 유의사항

- 수험자는 문제지를 받는 즉시 **응시하고자 하는 과목의 문제지가 맞는지 확인**하여야 합니다.

- 시험과 직접 관련이 없는 행위 즉, 각종 웹사이트 로그인, 댓글 달기, 게시, 자료 업로드 등의 행위 또는 답안 내역을 보조기억장치 및 기타 통신수단(게시판, 이메일, 메신저, 네트워크 등)을 이용하여 타인에게 전달 또는 외부로 반출하는 경우는 자격기본법 제32 에 의거 부정행위로 간주되어 본 시험 및 국가공인 자격시험을 2년간 응시할 수 없습니다.

- 내 PC₩문서₩ITQ 폴더의 "답안파일-인터넷.hwp"파일을 열어 파일 이름을 "수험번호-성명-인터넷.hwp"로 답안폴더에 다시 저장한 후 답안 작성을 시작하여야 하며, 답안 문서 파일명이 일치하지 않을 경우 실격 처리됩니다(예 : 12345678-홍길동-인터넷. hwp).
  (시험시 제공되는 답안파일 양식을 사용하지 않을 경우에는 0점 처리됨)

- 답안 작성을 마치면 파일을 저장하고, '답안 전송' 버튼을 선택하여 감독위원 PC로 답안을 전송하십시오. 수험자 정보와 저장한 파일명이 다를 경우 전송되지 않으므로 주의하시기 바랍니다.

- 답안 작성 중에도 **주기적으로 저장하고 답안을 전송**하여야 문제 발생을 줄일 수 있습니다. 작업한 내용을 저장하지 않고 전송할 경우 이전에 저장된 내용이 전송되오니 이점 유의하시기 바랍니다.

- 시험 중 부주의 또는 고의로 시스템을 파손한 경우는 수험자가 변상해야 하며, 〈수험자 유의사항〉에 기재된 방법대로 이행하지 않아 생기는 불이익은 수험자 당사자의 책임임을 알려 드립니다.

- 시험을 완료한 수험자는 답안파일이 전송되었는지 확인한 후 감독위원의 지시에 따라 문제지를 제출하고 퇴실합니다.

답안 작성요령

- 온라인 답안 작성 절차
  수험자 등록 ⇒ 시험 시작 ⇒ 답안파일 저장 ⇒ 답안 전송 ⇒ 시험 종료

- 시험 시작 전 시험과 무관한 프로그램의 실행을 중지시켜 주시기 바랍니다(채팅, 파일공유 등).

- 문제에 (정답)이라고 표시되어 있으면 정답만을 작성란에 기재하고, (정답, URL)이라고 표시되어 있으면 정답과 함께 URL을 반드시 기재하시기 바랍니다. 이를 준수하지 않을 경우 감점, 오답 처리 등 불이익이 있을 수 있습니다.

- 문제 번호에 따라 정답을 아래와 같이 답안파일에 정확히 기록하십시오.

문제번호		답안
문제6	정답	대한민국

- 4번 문제는 번호에 따라 정답과 URL을 아래와 같이 답안파일에 정확히 기록하십시오(URL은 정답을 확인할 수 있는 최종 URL을 기재하십시오).

문제4	정답	ITQ 정보기술자격
	URL	https://www.kpc.or.kr/certification/index.asp

- 4번 문제의 경우 개인 홈페이지나 블로그, 지식 검색(예 : 지식iN, 위키피디아 등)과 같이 개인 사견이 들어 있는 사이트, 첨부파일은 정답으로 인정하지 않습니다.

- 9번의 이미지 파일은 인터넷 답안지에 삽입한 후 반드시 지정된 이미지 크기로 변경하시기 바랍니다.

- 문제에서 제시한 단위, Full name 등의 조건에 맞도록 답안을 작성하시기 바랍니다.

※ 문제에 대한 적절한 내용의 번호를 골라 답안지에 기재하시오.

문제 1 코로나19로 인한 재택, 원격근무자의 정보보호 실천수칙으로 옳지 <u>않은</u> 것은?

① 가정용 공유기 보안 설정
② 개인 PC 보안 최신 업데이트
③ 개인 메일 이용 권장 및 회사 메일 사용 주의
④ 파일 다운로드 주의

문제 2 안전한 금융거래를 위한 비밀번호의 안전관리수칙으로 옳지 <u>않은</u> 것은?

① 인터넷포털, 금융계좌, 공인인증서 등의 비밀번호는 각각 다르게 설정한다.
② 생년월일, 전화번호 등 쉽게 유추할 수 있는 번호를 사용하지 않는다.
③ 비밀번호를 수첩, 웹하드 등에 남긴다.
④ 비밀번호는 주기적으로 변경하고 타인에게 알려주지 않는다.

인터넷 검색   **370**점

일반검색 I (각 10점)

문제 3 다음 노벨상 부문의 수상자 이름을 〈보기〉에서 찾아 해당 번호를 답안지에 적으시오(번호).

문제 3-1) The Nobel Prize in Literature 2022(문학상) ·· (   )
문제 3-2) The Nobel Peace Prize 2022(평화상) ··· (   )
문제 3-3) The Sveriges Riksbank Prize in Economic Sciences in Memory of Alfred Nobel 2022
           (경제학상) ·· (   )

〈보기〉
① Alain Aspect   ② Ales Bialiatski   ③ Morten Meldal
④ Philip Dybvig   ⑤ Annie Ernaux

문제 4 빠른 변화로 인해 기존에 존재하던 것들의 경계가 모호하게 되는 현상으로 첨단 기술의 발전, 사회 환경의 변화 등이 이 현상을 촉진시켰다. 이 현상을 **무엇**이라 하는지 검색하시오(정답, URL).

문제 5 입동(立冬)은 24절기 중 하나이다. 겨울이 시작하는 시기로 입동을 시작으로 김장을 담 갔다. 2022년 입동(立冬)인 날 기상청 안동 유인관서에서 관측한 **일평균기온**(단위: ℃, 소수 첫째 자리까지 표시)을 검색하시오(정답).

가로 · 세로 정보검색 (각 30점)

※ 아래 각 문제의 설명을 읽고 가로 · 세로에 알맞은 단어를 답안에 기재하시오(정답).

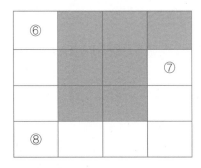

문제 6 (세로) '보기만 하고 간섭하지 아니하는 모양'을 이르는 **우리말**을 검색하시오.

문제 7 (세로) 조선 시대에, 한 사람의 관리를 뽑을 때 그 후보자로 세 사람을 우선 뽑아 최종 심사에 올리던 일을 **무엇** 이라 했는지 검색하시오.

문제 8 (가로) 영원히 은혜나 은덕을 잊지 아니함을 이르는 **사자성어**를 검색하시오.

실용검색 (각 50점)

문제 9 길 찾기 서비스(포털 및 전문 검색사이트)를 이용하여 **국립공주박물관**에서 **웅진백제문 화역사관(웅진백제역사관)**을 도보로 가는 지도 경로를 찾아 전체화면(길 찾기 검색화 면, 경로 포함)을 캡처하여 답안 파일에 붙여 넣으시오 (이미지 크기 150mm x 100mm).

문제 10 국내선 유류할증료는 1개월 단위로 사전 고지되며, 탑승일이 아닌 발권일을 기준으로 적용된다. 대한항공의 2023년 4월(2023년 4월 1일 ~ 4월 30일, 편도) **국내선 유류할증료**(단위: 원)를 검색하시오(정답).

문제 11 2022년 12월 24일(토) 부산 드림씨어터의 **공연명**(행사명)을 검색하시오(정답).

정보 가공   **70**점

※ 제시된 주제에 따라 답안을 완성하시오.

문제 12 세계자연유산 제주에서는 다양한 문화 축제가 열려 도민과 관광객들에게 많은 볼거리를 제공하고 있다. 제주 축제 행사에 대한 정보를 검색하여 다음의 안내문 내용을 완성하시오.

세계자연유산 제주	
(12-1) 제7회 고마로 馬 문화축제 포스터 **이미지**	(12-2) 2022 세계유산축전 '제주 화산섬과 용암동굴' **슬로건**(국문 또는 영문) (12-3) 제13회 제주프랑스영화제 **개최기간**(월일~월일) (12-4) 본태박물관 개관 10주년 기념 특별전(제5전시관) **제목**

66

남들보다 더 잘하려고
고민하지 마라.
지금의 나보다 잘하려고
애쓰는 게 더 중요하다.

99

- 윌리엄 포크너 -

PART 05

정답 및 해설

* URL과 안내정보, 수치 등은 시간이 지남에 따라 변경되어
  본 도서의 출간 당시의 자료와 달라질 수 있으므로 참고하시기 바랍니다.

차례

문제번호		정답
문제 1	정답	3
문제 2	정답	4
문제 3-1	정답	2
문제 3-2	정답	1
문제 3-3	정답	5
문제 4	정답	그린플레이션(greenflation)
	URL	https://magazine.hankyung.com/business/article/202110071891b
문제 5	정답	5.1
문제 6	정답	한우충동(汗牛充棟)
문제 7	정답	한뉘
문제 8	정답	동국정운
문제 9	정답	▼이곳에 답안 화면을 캡처하여 붙여 넣으시오(이미지크기 150mm × 100mm).

문제 10	정답	웰링턴(WELLINGTON)
문제 11	정답	11,157원

		2020 두바이 세계 박람회	
문제 12	정답	(12-1) 	(12-2) 2021년 10월 1일 – 2022년 3월 31일 (1 October 2021 – 31 March 2022) (12-3) '마음을 연결하고 미래를 창조하다' 또는 '마음의 연결, 미래의 창조' (Connecting Minds, Creating the Future) (12-4) 라시드(Rashid)와 라티파(Latifa)

해설

문제 5 기상청 날씨누리(www.weather.go.kr) → 관측 · 기후 → 육상 → 과거관측 → 지점, 년도, 월 조건 선택하여 조회

문제 10 서울특별시(www.seoul.go.kr) → 분야별정보 → 경제 → 노동정책 → 서울형 생활임금

문제번호		정답
문제 1	정답	1
문제 2	정답	2
문제 3–1	정답	5
문제 3–2	정답	4
문제 3–3	정답	2
문제 4	정답	테크래시(techlash)
	URL	https://terms.naver.com/entry.naver?docId=6471306&cid=42107&categoryId=42107
문제 5	정답	−1.1
문제 6	정답	괭이잠
문제 7	정답	가무이주(家無二主)
문제 8	정답	가전기
문제 9	정답	▼이곳에 답안 화면을 캡처하여 붙여 넣으시오(이미지크기 150mm × 100mm).

문제 10	정답	박은경
문제 11	정답	부안 곰소 천일염업

문제 12	정답	제102회 전국체육대회

<table>
<tr><td colspan="2" style="text-align:center;">제102회 전국체육대회</td></tr>
<tr>
<td>

(12-1)

제102회 전국체육대회
The 102nd National Sports Festival
</td>
<td>

(12-2)
10월 8일~10월 14일

(12-3)
새롬이, 행복이

(12-4)
보디빌딩
</td>
</tr>
</table>

해설

문제 5 기상청 날씨누리(www.weather.go.kr) → 관측·기후 → 육상 → 과거관측 → 지점, 년도, 월 조건 선택하여 조회

문제 10 한국우표포털서비스(stamp.epost.go.kr) → 우표정보 → 한국우표 → "일반우표" 검색

문제번호		정답
문제 1	정답	3
문제 2	정답	4
문제 3-1	정답	2
문제 3-2	정답	4
문제 3-3	정답	1
문제 4	정답	레드플러스(REDD+) (Reducing Emissions from Deforestation and Forest Degradation Plus 또는 Reduced emissions from deforestation and forest degradation)
	URL	https://www.korea.kr/news/pressReleaseView.do?newsId=156455298
문제 5	정답	101,315
문제 6	정답	강샘
문제 7	정답	강구연월(康衢煙月)
문제 8	정답	구월산대
문제 9	정답	▼이곳에 답안 화면을 캡처하여 붙여 넣으시오(이미지크기 150mm × 100mm).

문제 10	정답	아이슬란드(ICELAND), 리히텐슈타인(LIECHTENSTEIN)
문제 11	정답	144,000원
문제 12	정답	국립백두대간수목원 (12-1)  (12-2) 매주 화요일~일요일 (12-3) 1,500원 (12-4) 경상북도 봉화군 춘양면 춘양로 1501

해설

문제 5 국가통계포털(kosis.kr) → 국내통계 → 주제별 통계 → 도소매·서비스 → 온라인쇼핑동향조사 → 국가(대륙)별/상품군별 온라인쇼핑 해외직접구매액

문제 10 https://www.passportindex.org/passport-power-rank-2022.php

문제 11 국민연금공단(www.nps.or.kr) → 4대 보험료 계산기

문제번호		정답
문제 1	정답	2
문제 2	정답	3
문제 3-1	정답	3
문제 3-2	정답	5
문제 3-3	정답	1
문제 4	정답	웹 크롤링(Web Crawling), 또는 크롤링(Crawling), 데이터 크롤링(Data Crawling)
	URL	https://news.einfomax.co.kr/news/articleView.html?idxno=4163664
문제 5	정답	107.6
문제 6	정답	극구광음(隙駒光陰)
문제 7	정답	구메구메
문제 8	정답	구마검
문제 9	정답	▼이곳에 답안 화면을 캡처하여 붙여 넣으시오(이미지크기 150mm × 100mm).

문제 10	정답	10,000원
문제 11	정답	NCE

문제 12	정답	서울공예박물관	
		(12-1) 	(12-2) 영감의 열람실 (12-3) 풍문여자고등학교(풍문여고, 풍문고등학교, 풍문여학교) (12-4) 서울특별시 종로구 율곡로 3길 4

해설 **문제 5** 국가통계포털(kosis.kr) → 국내통계 → 주제별 통계 → 인구 → 인구동향조사 → 출생 → 시도/출산순위별 출생성비

문제 10 K-ETA(www.k-eta.go.kr) → K-ETA 안내 → K-ETA 신청 수수료 안내

문제번호		정답
문제 1	정답	1
문제 2	정답	3
문제 3-1	정답	4
문제 3-2	정답	1
문제 3-3	정답	2
문제 4	정답	셀피노믹스(Selfinomics)
	URL	https://magazine.hankyung.com/business/article/202106258115b
문제 5	정답	21.0
문제 6	정답	기럭아비
문제 7	정답	노라리
문제 8	정답	비익연리(比翼連理) 또는 비익련리
문제 9	정답	▼이곳에 답안 화면을 캡처하여 붙여 넣으시오(이미지크기 150mm × 100mm).

문제 10	정답	창원 독뫼 감 농업
문제 11	정답	브리지트 지로(Brigitte Giraud)

문제 12	정답	서울시립과학관

<table>
<tr><td colspan="2" align="center">서울시립과학관</td></tr>
<tr>
<td>(12-1)</td>
<td>(12-2)
우리가 세상을 이해하길 멈출 때

(12-3)
오전 09:30~오후 05:30

(12-4)
2017년 5월 19일</td>
</tr>
</table>

해설

문제 5 기상청 날씨누리(www.weather.go.kr) → 관측 · 기후 → 육상 → 과거관측 → 지점, 년도, 월 조건 선택하여 조회

문제 10 농림축산식품부(www.mafra.go.kr) → 정책홍보 → 정책자료 → 정책분야별 자료 → 국가중요농업유산 지정현황 검색

문제번호		정답
문제 1	정답	3
문제 2	정답	2
문제 3-1	정답	3
문제 3-2	정답	2
문제 3-3	정답	5
문제 4	정답	휴먼 터치(Human Touch)
	URL	https://terms.naver.com/entry.naver?docId=6453924&cid=43667&categoryId=43667
문제 5	정답	23.0
문제 6	정답	노량로
문제 7	정답	낙월옥량(落月屋梁)
문제 8	정답	낙강군
문제 9	정답	▼이곳에 답안 화면을 캡처하여 붙여 넣으시오(이미지크기 150mm × 100mm).

문제 10	정답	2014년 1월 1일
문제 11	정답	The Night Watchman
문제 12	정답	365일 열린 복합문화공간 : 세종문화회관(꿈의 숲 아트센터, 삼청각) (12-1) ■■■■ ┃┃┃ ┃┃┃ (12-2) 맥베스 (12-3) 한국닥종이인형예술협회 회원전 (12-4) 서울특별시 강북구 월계로 173

해설 **문제 5** 기상청 날씨누리(www.weather.go.kr) → 관측 · 기후 → 육상 → 과거관측 → 지점, 년도, 월 조건 선택하여 조회
문제 10 동물보호관리시스템(www.animal.go.kr) → 동물등록 → 동물등록제란?

문제번호		정답
문제 1	정답	2
문제 2	정답	4
문제 3-1	정답	3
문제 3-2	정답	4
문제 3-3	정답	1
문제 4	정답	크립토재킹(Cryptojacking)
	URL	https://terms.naver.com/entry.naver?docId=4394967&cid=42107&categoryId=42107
문제 5	정답	787,042
문제 6	정답	터수
문제 7	정답	담수지교(淡水之交)
문제 8	정답	담은고
문제 9	정답	▼이곳에 답안 화면을 캡처하여 붙여 넣으시오(이미지크기 150mm × 100mm).

문제 10	정답	백수해안도로(영광 백수해안도로)
문제 11	정답	2023-01-12

안동 관광	
(12-1) 	(12-2) 경북 안동시 도산면 백운로 525 (12-3) 한국국학진흥원 (12-4) 삼베짜기

해설

문제 5 국가통계포털(kosis.kr) → 국내통계 → 주제별 통계 → 농림 → 가축동향조사 → 소

문제 11 축산물이력제(aunit.mtrace.go.kr)

문제 12-1 안동시(www.andong.go.kr) → 안동 소개 → 안동의 상징 → 캐릭터

문제번호		정답
문제 1	정답	1
문제 2	정답	3
문제 3-1	정답	2
문제 3-2	정답	3
문제 3-3	정답	4
문제 4	정답	킬링 곡선(또는 킬링 커브, Keeling Curve)
	URL	https://terms.naver.com/entry.naver?docId=6459312&cid=43667&categoryId=43667
문제 5	정답	69.9mm
문제 6	정답	춘관통고
문제 7	정답	철겹다
문제 8	정답	다전선고(多錢善賈)
문제 9	정답	▼이곳에 답안 화면을 캡처하여 붙여 넣으시오(이미지크기 150mm × 100mm).

문제 10	정답	가야산
문제 11	정답	2020-07-15

울릉군 독도박물관(안용복 기념관)		
문제 12	정답	(12-1) (12-2) 도동 약수공원 내 약수터와 박물관의 갈림길 (12-3) 1982.11.20. (12-4) 경상북도 울릉군 북면 석포길 500

해설

문제 5 기상청 날씨누리(www.weather.go.kr) → 관측 · 기후 → 육상 → 과거관측 → 요소별자료 → 지점, 년도, 월 조건 선택하여 조회

문제 10 한국은행(www.bok.or.kr) → 화폐 → 기념주화

문제 11 축산물이력제(aunit.mtrace.go.kr)

문제번호		정답
문제 1	정답	4
문제 2	정답	2
문제 3-1	정답	3
문제 3-2	정답	1
문제 3-3	정답	5
문제 4	정답	메디치 효과(Medici Effect)
	URL	https://terms.naver.com/entry.naver?docId=930909&cid=43667&categoryId=43667
문제 5	정답	683명
문제 6	정답	깔축없이
문제 7	정답	축성수
문제 8	정답	야이계주(夜以繼晝)
문제 9	정답	▼이곳에 답안 화면을 캡처하여 붙여 넣으시오(이미지크기 150mm × 100mm).

문제 10	정답	잭 동가라(Jack Dongarra)
문제 11	정답	13,900원

문제 12	정답	2023 대한민국 책의 도시 – 고양시

<table>
<tr><td colspan="2" align="center">2023 대한민국 책의 도시 – 고양시</td></tr>
<tr>
<td>(12–1)
</td>
<td>(12–2)
9월 1일 ~ 9월 3일

(12–3)
읽는 사이에

(12–4)
군포</td>
</tr>
</table>

해설 **문제 5** 국가통계포털(kosis.kr) → 국내통계 → 주제별 통계 → 인구 → 국내인구이동통계 → 시군구별 이동자수
문제 11 고속도로 통행료 홈페이지(www.hipass.co.kr) → 고객 센터 → 통행요금 조회

문제번호		정답
문제 1	정답	3
문제 2	정답	2
문제 3-1	정답	4
문제 3-2	정답	5
문제 3-3	정답	1
문제 4	정답	오픈랜(Open RAN) 또는 개방형 무선접속망(Open Radio Access Network)
	URL	http://www.danbinews.com/news/articleView.html?idxno=14508
문제 5	정답	141.47
문제 6	정답	너나들이
문제 7	정답	북경사신(또는 부연사신)
문제 8	정답	이재발신(以財發身)
문제 9	정답	▼이곳에 답안 화면을 캡처하여 붙여 넣으시오(이미지크기 150mm × 100mm).

문제 10	정답	데니스 파넬 설리번(Dennis Parnell Sullivan)
문제 11	정답	전라북도 고창군

문제 12	정답	한국만화박물관
		(12-1) **한국만화박물관** KOREA MANHWA MUSEUM	(12-2) 경기도 부천시 길주로 1 (12-3) 토끼와 원숭이 (12-4) 2,500원

해설

문제 5　국가통계포털(kosis.kr) → 국내통계 → 주제별 통계 → 물가 → 생산자물가조사 → 생산자물가지수(품목별) → 시점을 2023.01로 설정 후 조회

문제 11　국립농산물품질관리원(www.enviagro.go.kr) 친환경 인증관리 정보시스템

문제번호		정답
문제 1	정답	4
문제 2	정답	3
문제 3-1	정답	1
문제 3-2	정답	4
문제 3-3	정답	5
문제 4	정답	디파이(De-Fi, decentralized finance)
	URL	https://terms.naver.com/entry.naver?docId=5778476&cid=43667&categoryId=43667
문제 5	정답	9.9℃
문제 6	정답	선어무망(羨魚無網)
문제 7	정답	어간재비
문제 8	정답	비금감
문제 9	정답	▼이곳에 답안 화면을 캡처하여 붙여 넣으시오(이미지크기 150mm × 100mm).

문제 10	정답	새버미
문제 11	정답	3.67%
문제 12	정답	

국립중앙박물관

(12-1)

(12-2)
2022.11.1 ~ 2023.3.19

(12-3)
십이지 토끼상

(12-4)
서울시 용산구 서빙고로 137

해설
문제 2 각종 비밀번호는 다르게 설정하는 것이 보안에 유리하다.
문제 5 기상청 날씨누리(www.weather.go.kr) → 관측 · 기후 → 육상 → 과거관측 → 지점, 년도, 월 조건 선택하여 조회
문제 11 전국은행연합회 소비자포털(portal.kfb.or.kr) → 금융상품정보 → COFIX 공시

문제번호		정답
문제 1	정답	1
문제 2	정답	3
문제 3-1	정답	3
문제 3-2	정답	5
문제 3-3	정답	4
문제 4	정답	제로레이팅(zero-rating)
	URL	https://terms.naver.com/entry.naver?docId=6650853&cid=59277&categoryId=70124
문제 5	정답	17.8℃
문제 6	정답	냉과리
문제 7	정답	과정지훈(過庭之訓)
문제 8	정답	과거지보
문제 9	정답	▼이곳에 답안 화면을 캡처하여 붙여 넣으시오(이미지크기 150mm × 100mm).

문제 10	정답	스웨덴
문제 11	정답	제 꿈 꾸세요

문제 12	정답	덕수궁	
		(12-1)	(12-2) 10,000원 (12-3) 덕수궁 대한문 (12-4) 서울 중구 세종대로 99

서울의 중심 중구

해설

문제 2 V3 Lite, Avira, Avast 등은 개인사용자에게 무료이면서 성능이 검증된 백신 프로그램이며, 이러한 프로그램으로 주기적으로 점검하는 것이 좋다.

문제 5 기상청 날씨누리(www.weather.go.kr) → 관측 · 기후 → 육상 → 과거관측 → 지점, 년도, 월 조건 선택하여 조회

문제번호		정답
문제 1	정답	3
문제 2	정답	4
문제 3-1	정답	2
문제 3-2	정답	5
문제 3-3	정답	4
문제 4	정답	딜러 시크(Dealer-chic)
	URL	https://terms.naver.com/entry.naver?docId=3585978&cid=59277&categoryId=59282
문제 5	정답	5.8 ℃
문제 6	정답	휼방지쟁(鷸蚌之爭)
문제 7	정답	만무방
문제 8	정답	두우쟁이
문제 9	정답	▼이곳에 답안 화면을 캡처하여 붙여 넣으시오(이미지크기 150mm × 100mm).

문제 10	정답	분열된 세계에서의 협력 또는 파편화된 세계에서의 협력(Cooperation in a Fragmented World)
문제 11	정답	김미화

문제 12	정답	국립항공박물관	
		(12-1)	(12-2) 2020년 7월 5일 (12-3) 5,000원 (12-4) 서울특별시 강서구 하늘길 177

해설

문제 1   입출금 등을 알려주는 문자서비스나 PUSH 서비스를 이용하는 것이 안전한 금융거래에 도움이 된다.

문제 5   기상청 날씨누리(www.weather.go.kr) → 관측 · 기후 → 육상 → 과거관측 → 지점, 년도, 월 조건 선택하여 조회

문제 11   한국우표포털서비스(stamp.epost.go.kr) → 우표정보 → 한국우표 → "김상옥" 검색

문제번호		정답
문제 1	정답	3
문제 2	정답	1
문제 3-1	정답	2
문제 3-2	정답	1
문제 3-3	정답	4
문제 4	정답	아트테크(Art-Tech)
	URL	https://terms.naver.com/entry.naver?docId=6460818&cid=43667&categoryId=43667
문제 5	정답	3,719명
문제 6	정답	분신미골(粉身糜骨)
문제 7	정답	신들대다
문제 8	정답	대농시
문제 9	정답	▼이곳에 답안 화면을 캡처하여 붙여 넣으시오(이미지크기 150mm × 100mm).

문제 10	정답	막걸리, 거친 일상의 벗
문제 11	정답	2020-05-21

<table>
<tr><td rowspan="2">문제 12</td><td rowspan="2">정답</td><td colspan="2" align="center">서울배리어프리영화제</td></tr>
</table>

서울배리어프리영화제

(12-1)

(12-2)
11월9일~11월13일

(12-3)
오마주

(12-4)
서울특별시 마포구 월드컵북로 400

해설

문제 2 님을 붙여 상대방을 존중하는 표현이 권장된다.

문제 5 국가통계포털(kosis.kr) → 국내통계 → 주제별 통계 → 문화 · 여가 → 한국관광통계 → 외래객 입국-목적별/국적별 → 시점을 2022.09로 설정 후 조회

문제 11 축산물이력제(aunit.mtrace.go.kr)

문제번호		정답
문제 1	정답	2
문제 2	정답	3
문제 3-1	정답	5
문제 3-2	정답	1
문제 3-3	정답	3
문제 4	정답	생성형 인공지능(Generative AI)
	URL	https://www.etnews.com/20221115000233
문제 5	정답	−10.0 ℃
문제 6	정답	삼추지사(三秋之思)
문제 7	정답	지더리다
문제 8	정답	다인
문제 9	정답	▼이곳에 답안 화면을 캡처하여 붙여 넣으시오(이미지크기 150mm × 100mm).

문제 10	정답	그날, 혜화문에서는
문제 11	정답	12,800원
문제 12	정답	무역의 날

무역의 날

(12-1)

산업통상자원부
Ministry of Trade, Industry and Energy

(12-2)
최우각

(12-3)
에스케이하이닉스(SK하이닉스)

(12-4)
서울시 강남구 영동대로 511 트레이드타워 (삼성동)

해설

문제 5 기상청 날씨누리(www.weather.go.kr) → 관측 · 기후 → 육상 → 과거관측 → 지점, 년도, 월 조건 선택하여 조회

문제 11 고속도로 통행료 홈페이지(www.hipass.co.kr) → 고객 센터 → 통행요금 조회

문제번호		정답
문제 1	정답	4
문제 2	정답	2
문제 3-1	정답	3
문제 3-2	정답	2
문제 3-3	정답	5
문제 4	정답	빈지뷰잉(Binge Viewing) 또는 빈지워치(Binge Watch)
	URL	https://terms.naver.com/entry.naver?docId=3404695&cid=43667&categoryId=43667
문제 5	정답	1,425,000원
문제 6	정답	고바우
문제 7	정답	우로지은(雨露之恩)
문제 8	정답	별기은
문제 9	정답	▼이곳에 답안 화면을 캡처하여 붙여 넣으시오(이미지크기 150mm × 100mm).

문제 10	정답	구상나무, 금강모치
문제 11	정답	5,000원

문제 12	정답	2022 대한민국 독서대전

(12-1)	(12-2)
	전쟁과 사랑
	(12-3)
	9월23일~9월25일
	(12-4)
	강원 원주시 단구로 170

해설
문제 2 소액결제 한도액은 필요한 만큼만 낮게 설정하는 것이 좋다.
문제 5 부동산공시가격 알리미(www.realtyprice.kr)
문제 11 창덕궁관리소(www.cdg.go.kr)

문제번호		정답
문제 1	정답	1
문제 2	정답	3
문제 3-1	정답	1
문제 3-2	정답	5
문제 3-3	정답	2
문제 4	정답	아웃링크(outlink)
	URL	https://terms.naver.com/entry.naver?docId=5568569&cid=43667&categoryId=43667
문제 5	정답	2.0℃
문제 6	정답	너울가지
문제 7	정답	가호전
문제 8	정답	전성지양(專城之養)
문제 9	정답	▼이곳에 답안 화면을 캡처하여 붙여 넣으시오(이미지크기 150mm × 100mm).

문제 10	정답	설화탐정AR 도서	
문제 11	정답	50,000원	
문제 12	정답	항공의 날	

항공의 날	
(12-1) 	(12-2) 위기의 파고를 넘어, 100년의 미래로 (12-3) 1948년 10월 30일 (12-4) 하늘 유목민

해설

문제 2 인터넷 금융 거래는 개인이 소지한 기기로 이용하는 것이 안전하다.

문제 5 기상청 날씨누리(www.weather.go.kr) → 관측ㆍ기후 → 육상 → 과거관측 → 지점, 년도, 월 조건 선택하여 조회

문제 10 한국은행(www.bok.or.kr) → 화폐 → 주화 → 기념주화

기출문제 8회

문제번호		정답
문제 1	정답	2
문제 2	정답	1
문제 3-1	정답	2
문제 3-2	정답	5
문제 3-3	정답	3
문제 4	정답	넷 제로(net zero) 또는 탄소 제로(carbon zero) 또는 탄소 중립(carbon neutralization)
	URL	https://terms.naver.com/entry.naver?docId=2064781&cid=50305&categoryId=50305
문제 5	정답	12.8
문제 6	정답	사부주
문제 7	정답	앙사부육(仰事俯育)
문제 8	정답	사간원
문제 9	정답	▼이곳에 답안 화면을 캡처하여 붙여 넣으시오(이미지크기 150mm × 100mm).

문제 10	정답	처용무
문제 11	정답	브로커

문제 12	정답	국립진주박물관	
		(12-1)	(12-2) 김수근 (12-3) 산청 범학리 삼층석탑 (12-4) 경남 진주시 남강로 626-35

해설 **문제 2** 비방이나 모욕적 글을 공유한 사람 또한 그 내용에 대해 법적인 책임을 지게 될 수 있다.

문제 5 기상청 날씨누리(www.weather.go.kr) → 관측·기후 → 육상 → 과거관측 → 지점, 년도, 월 조건 선택하여 조회

문제 10 한국우표포털서비스(stamp.epost.go.kr) → 우표정보 → 한국우표 → "유네스코" 검색

문제번호		정답
문제 1	정답	1
문제 2	정답	4
문제 3-1	정답	4
문제 3-2	정답	1
문제 3-3	정답	3
문제 4	정답	미닝아웃(meaning out)
	URL	https://www.hankookilbo.com/News/Read/A2021090614450005439
문제 5	정답	8.8℃
문제 6	정답	월대
문제 7	정답	불해의대(不解衣帶)
문제 8	정답	해소수
문제 9	정답	▼이곳에 답안 화면을 캡처하여 붙여 넣으시오(이미지크기 150mm × 100mm).

문제 10	정답	3코스(또는 3–2코스, 3코스–2구간, 3–2구간)
문제 11	정답	오페라 라 트라비아타

<table>
<tr><td rowspan="2">문제 12</td><td rowspan="2">정답</td><td colspan="2">2022 세계축제도시 진주</td></tr>
<tr><td>(12–1) 
</td><td>(12–2)
다양성–창의성의 토대
(Diversity–Foundation of Creativity)

(12–3)
10월 26일~10월31일

(12–4)
촉석산성아리아</td></tr>
</table>

해설

문제 2 신뢰할 수 없는 웹사이트는 보안 문제와 개인정보 유출의 위험성이 높기 때문에 위험하다.

문제 5 기상청 날씨누리(www.weather.go.kr) → 관측 · 기후 → 육상 → 과거관측 → 지점, 년도, 월 조건 선택하여 조회

문제 10 부산 갈맷길(www.busan.go.kr/galmaetgil)

문제번호		정답
문제 1	정답	3
문제 2	정답	3
문제 3-1	정답	5
문제 3-2	정답	2
문제 3-3	정답	4
문제 4	정답	빅블러(Big Blur)
	URL	https://terms.naver.com/entry.naver?docId=3377257&cid=43667&categoryId=43667
문제 5	정답	7.1℃
문제 6	정답	볼만장만
문제 7	정답	비삼망
문제 8	정답	만세불망(萬世不忘)
문제 9	정답	▼이곳에 답안 화면을 캡처하여 붙여 넣으시오(이미지크기 150mm × 100mm).

문제 10	정답	11,000원
문제 11	정답	뮤지컬 킹키부츠

		세계자연유산 제주	
문제 12	정답	(12-1) 	(12-2) 빛나는 제주, 하나로 잇다(Shining Jeju, Connect as One) (12-3) 11월 3일 ~ 11월 7일 (12-4) 삶을 아름답게, 생활을 풍요롭게

해설

문제 2 비밀번호를 기록하면 유출의 위험성이 커진다.

문제 5 기상청 날씨누리(www.weather.go.kr) → 관측 · 기후 → 육상 → 과거관측 → 지점, 년도, 월 조건 선택하여 조회

문제 10 대한항공(www.koreanair.com) → 고객지원 → 공지사항

자격증은 이기적!